此书受湖北省自然科学基金项目"基于改进蚁群算法的湖北省产业技术研究院资源配置效率优化研究"（2015CFC836）、湖北省软科学研究计划项目"三峡生态经济合作区协同创新水平评估及提升路径研究"（2018ADC162）、湖北省高校知识产权推进工程项目"地方高校知识产权创新与提升路径研究"（201807）支持

产业技术研究院创新发展研究

王守文◎著

中国社会科学出版社

图书在版编目(CIP)数据

产业技术研究院创新发展研究/王守文著. —北京:中国社会科学出版社,2019.9
ISBN 978-7-5203-4858-4

Ⅰ.①产… Ⅱ.①王… Ⅲ.①技术革新—研究—中国 Ⅳ.①F124.3

中国版本图书馆CIP数据核字(2019)第178609号

出 版 人	赵剑英
责任编辑	王　曦
责任校对	孙洪波
责任印制	戴　宽

出　　版	中国社会科学出版社
社　　址	北京鼓楼西大街甲158号
邮　　编	100720
网　　址	http://www.csspw.cn
发 行 部	010-84083685
门 市 部	010-84029450
经　　销	新华书店及其他书店
印刷装订	北京君升印刷有限公司
版　　次	2019年9月第1版
印　　次	2019年9月第1次印刷
开　　本	710×1000　1/16
印　　张	16
插　　页	2
字　　数	208千字
定　　价	99.00元

凡购买中国社会科学出版社图书,如有质量问题请与本社营销中心联系调换
电话:010-84083683
版权所有　侵权必究

前　言

产业技术研究院是"政产学研用"多元主体之间协同创新的一种模式，产研院是产业技术研究院的简称，它不但能够加强政府、企业、高等院校、科研院所和目标用户之间融合的紧密程度，提高合作效率，而且相比技术转让、委托开发等其他合作模式，能够更好地促进科技要素有效配置以适应科技和产业的发展需求。创新型国家建设迫切需要产学研合作模式来提高我国的科技能力，而产业技术研究院模式将是一条重要途径。产业技术研究院作为地方深化科技体制改革、加强科技与经济结合、组织创新和体制机制创新的产物，是国家科技创新组织的重要模式，能更为合理、高效地配置区域知识资源、资金、人才及优惠政策等各方面科技资源，以产业升级、集约发展及技术应用为目的，能够更迅速有效地融合各种科技主体的整体参与推动产业结构升级、促进技术创新与区域经济发展，能够提高所在国家和地区的技术创新水平，实现科学研究和产业发展的有效对接，重在促进高新技术产业化的发展。我国已将构建国家创新体系、推进技术创新上升到国家战略高度，政府根据区域产业发展现状，以较高的战略视角协调政府相关部门、企业、高校、科研机构等由于其自身局限性所带来的资源浪费和各部分之间的衔接低效。因为带有一定的公共属性，使得政府能更好地从整体上根据产业技术研究院的发展走向进行政策供给。近年来地方政府多将"引进发展更多产研院"写入政府工作报告并积极制定相关政策以加快产业技术研究院的建设和发展。各类政策的扶持对产学研合作的发展起到了积极作用，如财政政策、金融政策、政府采购政策、知识产权保护政策、中小企业政策、人才政策、产业政策、促进创新主体间合作的政策、鼓励国际合作与交流政策等。而现阶段中国科技主体主要集中在大城市，在创新驱动发展的战略背景下，要建设创新型国家，必须实现从大城市到区域的辐射。作为国家科技创新成果的重要载体，高校在科研活动和项目中取得了大量的科技成果，并通过技术转让、技术合作等形式，推动科技新成果进入应用性试验，促使科技成果产业化，最终实现其商业价值和社会价值。但是，产业技术研究院与区域科技创新的结合还存在发展环境复杂、组织参与主体松散、组织管理水平低等问题，低效的绩效评价和资源配置导致科技成果转化效率不高。2017年，我国科技成果直接交易额超过130.9亿元，发明专利授权量超过全国年专利授权总数的五分之一[①]。但是，这些科技成果的产业化利用率只有20%左右，与欧美发达国家相比还存在较大差距。因此，要让产业技术研究院嵌入到区域的科技创新中，首先需要对区域的科技资源配置、科技创新水平、科技成果服务存在的问题进行分析并提出解决办法，进而根据产业技术研究院的具体情况，研究产业技术研究院与区域科技创新的结合。产业技术研究院创新发展是改变我国经济体制的重要举措，是科技政策的重要支持方向。本书较为全面地对产业技术研究院创新发展的环境、组织构成因素、绩效评价体系以及资源整合预配置进行全面深入的研究，为产业技术研究院进一步的创新发展、建设方向及区位和地域分布提供现实可靠的依据，进而为我国科技成果转化、产业升级、科技

---

① 吴愈晓、杜思佳：《改革开放四十年来的中国高等教育发展》，《社会发展研究》2018年第5期。

进步以及经济稳步发展奠定基础。

　　本书分为四篇共十三个章节对产业技术研究院创新发展进行深入研究。第一篇三个章节对产业技术研究院创新发展的一般外部环境和内部环境进行分析，政府、企业、高校、社会组织、科研机构、科技中介以及产业技术研究院自身都在积极开展产学研合作，创造更有利于产业技术研究院创新发展的政策、技术、人才、资金环境。第二篇共四个章节对产业技术研究院的组织构成因素进行分析，有更多的社会主体参与到产业技术研究院的发展建设中来。作为产业技术研究院的一部分，包括科技类基金会以及科技中介在内的社会组织以及高校智库和高校科技专家，都在积极推动更深层次的产学研合作，在参与科技成果快速转化、推进科技创新、提升区域创新能力等方面发挥着各自的功能。第三篇共三个章节，分别从纵向与横向两个角度构建产业技术研究院的绩效评价体系。纵向，产业技术研究院急需一套科学、客观、全面的绩效评价体系来认清当前所处的状态，发现发展道路上的不足之处，帮助各组织机构在后续的研究中把握主要方向，优化资源整合与配置的重心。横向，在产业技术研究院的基础上发展不同行业的产业技术研究院与不同城市的产业技术研究院等具有针对性的绩效评价体系来对其进一步完善。第四篇共两个章节，是在前三篇对产业技术研究环境、组织构成及绩效评价的基础上对产研院的创新发展进行最优资源整合与配置成果的研究，在经济新常态的大背景下，对资源整合与配置提出了更高的要求，而产业技术研究院可以通过其管理协调能力与先进的绩效评价体系将社会主体、政府、科技等领域的优质资源合并为一体化系统，以探索并固化在整合多方资源的同时并实现各方利益最大化的资源整合与配置方式。

目 录

第一篇 产业技术研究院创新发展的环境因素研究

第一章 产学研合作区政策评价 ……………………………………（3）
  第一节　绪论 ……………………………………………………（3）
  第二节　产学研合作区——具有区域竞争力的推动力量 ……（9）
  第三节　产学研合作政策分类 ………………………………（12）
  第四节　多层次模糊综合评价模型 …………………………（16）
  第五节　政策评价过程 ………………………………………（19）
  本章小结 …………………………………………………………（25）

第二章 公共科技服务能力评估 ……………………………………（27）
  第一节　绪论 …………………………………………………（27）
  第二节　学者观点 ……………………………………………（31）
  第三节　公共科技服务能力评估 ……………………………（33）
  第四节　湖北省公共科技服务能力评估实证 ………………（36）
  本章小结 …………………………………………………………（46）

第三章　区域科技创新资源优化配置 …………………………… (48)
第一节　绪论 ……………………………………………………… (48)
第二节　区域科技创新资源要素归类分析 ……………………… (53)
第三节　蚁群算法在科技创新资源筛选中的应用 ……………… (55)
第四节　区域科技创新资源配置体系优化策略 ………………… (60)
本章小结 …………………………………………………………… (63)

第二篇　产业技术研究院组织构成因素研究

第四章　高校智库评价与创新 …………………………………… (67)
第一节　绪论 ……………………………………………………… (67)
第二节　高校智库的社会价值 …………………………………… (70)
第三节　发展中存在的问题 ……………………………………… (72)
第四节　高校智库影响力评价 …………………………………… (75)
第五节　智库建设创新策略 ……………………………………… (81)
本章小结 …………………………………………………………… (84)

第五章　高校科技专家参与基层科技成果转化 ………………… (85)
第一节　绪论 ……………………………………………………… (85)
第二节　转化模式、功能与障碍 ………………………………… (91)
第三节　博弈分析 ………………………………………………… (95)
第四节　收益分配分析 …………………………………………… (97)
第五节　创新策略 ………………………………………………… (102)
本章小结 …………………………………………………………… (104)

第六章　科技类基金会 …………………………………………… (106)
第一节　绪论 ……………………………………………………… (106)
第二节　科技类基金会发展现状 ………………………………… (109)

第三节　科技类基金会发展的动因 ………………………… (114)
　　第四节　科技类基金会的发展趋势 ………………………… (118)
　　本章小结 …………………………………………………………… (122)

第七章　区域创新系统中的科技中介 …………………………… (123)
　　第一节　绪论 ……………………………………………………… (123)
　　第二节　区域创新系统的构成要素及其功能 ………………… (126)
　　第三节　科技中介及其分类 ……………………………………… (127)
　　第四节　科技中介在区域创新系统中的功能 ………………… (128)
　　第五节　发展现状及存在的问题 ………………………………… (129)
　　第六节　区域创新中构建科技中介服务体系的对策 ……… (132)
　　本章小结 …………………………………………………………… (134)

第三篇　产业技术研究院绩效评价研究

第八章　绩效评价模型研究 ………………………………………… (137)
　　第一节　绪论 ……………………………………………………… (137)
　　第二节　问题的提出 ……………………………………………… (139)
　　第三节　绩效评价体系 …………………………………………… (144)
　　第四节　指标权重的确定 ………………………………………… (147)
　　第五节　运行绩效的评价模型 …………………………………… (152)
　　本章小结 …………………………………………………………… (155)

第九章　行业产业技术研究院绩效评价 ………………………… (157)
　　第一节　绪论 ……………………………………………………… (157)
　　第二节　产业技术研究院行业价值 ……………………………… (162)
　　第三节　磷化工产业技术研究院绩效影响因素及指标
　　　　　　体系构建 ……………………………………………………… (164)

4　目　录

　　第四节　湖北省磷化工产业技术研究院绩效评价…………（167）
　　本章小结……………………………………………………（172）

第十章　城市产业技术研究院运行绩效评价……………（174）
　　第一节　绪论………………………………………………（174）
　　第二节　运行现状分析……………………………………（176）
　　第三节　运行绩效评价体系设计…………………………（180）
　　第四节　绩效评价的 ANP 模型……………………………（184）
　　本章小结……………………………………………………（192）

第四篇　产业技术研究院资源整合与配置研究

第十一章　产业技术研究院资源整合……………………（197）
　　第一节　绪论………………………………………………（197）
　　第二节　经济新常态视野下的产研院资源归类…………（203）
　　第三节　基于改进蚁群算法的产研院资源筛选…………（205）
　　第四节　经济新常态视野下产研院资源整合平台………（211）
　　本章小结……………………………………………………（215）

第十二章　产业技术研究院资源配置效率评价…………（217）
　　第一节　绪论………………………………………………（217）
　　第二节　产研院资源配置效率评价指标体系设计………（223）
　　第三节　产研院资源配置评价……………………………（225）
　　第四节　实证研究…………………………………………（229）
　　本章小结……………………………………………………（231）

参考文献……………………………………………………（233）
后　记………………………………………………………（244）

第一篇

产业技术研究院创新发展的环境因素研究

产业技术研究院创新发展的环境可以分为一般外部环境和内部环境。所谓一般外部环境，是指对各个产业都不同程度产生影响的共同的外部环境，具体包括政治、经济和社会发展环境，主要从与政府、社会组织、高校、企业、科研机构等多元主体的互动行为中体现；所谓内部环境，是指产业技术研究院自身发展的内部要素状态，并从与其他产业技术研究院之间的交互作用中体现，包括与外部各个组织的合作能力、自身制度的优越性及创新能力、知识资源、人才、资金来源等，并且所有产业技术研究院都有着大概相同的一般外部环境。对外部环境的未来变化做出正确的预判，分析产业技术研究院的组织构成是产业技术研究院创新发展能获得战略性成功的前提，对内部环境进行分析能更好地把握产业技术研究院现有内部因素，为产业技术研究院进一步制定绩效评价体系与优化资源整合与配置引领正确方向。为达到更有效配置科技资源、激发科研机构创新活力，以及企业获得持续创新的能力的高要求，避免产学研合作的体制僵化和边界障碍，以及国内外行业、企业等各方面的竞争压力，企业、高校、科研机构等其他科技创新组织正积极配合，增强自身的创新能力以冲破个体单元所处的不利环境，创造更有利于产学研合作的新环境。近些年政府的政策干预和制度支持，已将产学研合作提升到国家战略高度，以在更高的层面上把控国家建设的长期战略，统筹大中小企业的全面发展。如《国家中长期科学和技术发展规划纲要（2006—2020年）》中明确提出"要全面推进中国特色国家创新体系建设，建设以企业为主体、产学研结合的技术创新体系"，并在科技人才、科技转化效率、企业自主创新能力等方面给予了大量的资金支持和政策引导。可以预见，未来几十年产学研合作必将成为产业升级、社会经济发展的"新潮流"，这也就为产业技术研究院的发展创造了更肥沃的土壤。本篇分别从国家政策导向、企业愿景、高校联合、社会组织辅助配合等方面对区域发展的推动作用以及对公共科技服务的价值及其平台构建的优势来讨论产学研合作及产业技术研究院发展的一般外部环境；从区域科技资源的优化配置的优势、存在的问题以及筛选分类来研究产学研合作及产业技术研究院发展的内部环境。

第一章　产学研合作区政策评价

第一节　绪论

一　背景

2016年以习近平总书记为中心的党中央提出的第一个五年规划中指出，要以产业化创新培育新的增长点，而产业创新包括两个部分，分别是以市场为导向和以科技水平为导向。以市场为导向是指将市场化的商业价值作为研究的出发点和考量标准；以科技水平为导向是指以大学和科研机构为主要部分，所研发出来的具有科技价值的产品或者理论。实践发现产业创新需要两者相互结合，才能够兼顾到市场和科研两个方面。因此，应重视产学研合作，推动各主体之间的交流合作，提高创新水平，发挥协同作用。

企业创新是国家技术创新体系中的重要组成部分，近几年，也备受政府和企业本身的重视。但由于我国的产学研合作起步较晚，国内大中小企业尤其是生产制造企业在创新理论、资金及自主意识上较为落后，无法形成原创技术或者专有技术，对高新技术的研发和整合能力较差，因此也较难成为创新体系的主体部分。自改革开放开始，我国经济开始转型，大部分企业也积极走向市场，但因企业自身较为落后的制度，部分企业也存在自主创新能力不足以及国内大环境的体制机制不完善，导致企业对市场的预判相对滞后甚至方向有所偏差。随着中国对外开放以及全球化趋势步伐的加快，我国企业所面临的国内外同行业的竞争压力也日益增大，单个企业没有能力高效地整合多方面资源开展创新活动，没有能力研发高新技术。而大学及科研机构却是创造体系中具有科技研发能力的重要部分，因此，企业迫切需要与高校及科研机构合作，利用两方各自的优势将最新科技有效地转化为科研成果和经济效益。与此同时，政府的参与能够较大地促进企业与高校和科研机构的对接，这样不仅有利于高校、科研机构的最新的创新成果在生产实践中得到迅速应用，转化为财富与经验；更有利于企业自身的发展，提高企业产业发展水平。

我国的产学研合作直至90年代后期才迎来大发展，目前还存在很多问题，例如产学研合作中企业、高校、政府、科研机构等各参与主体普遍都存在认识不足的问题；企业侧重于对经济利益的直接追求，只重视眼前可及的利益；因此更倾向于对直接产生经济效益的项目进行购买使用，以防止长期研发投入对于经济回报的负面影响；高校则因为体制壁垒，和市场对接程度不足导致存在观念落后、认识不足，与高校以外的大中小企业联系较少、科技成果转化不足等问题。政府存在的问题在于相关政策法规较为分散，有法律但是具体的实施细则较为缺失，导致执行力弱化，此外也没有根据最新的发展形势及时进行体制机制创新。同时，在现阶段产学研合作的过程中也存在着科研成果转让过程中的利益分配、科技成果转化股权的分配、最终产出的成果如何归属等方面的问题。此外，产学研合作过程中由于获取信息不对称、产品的属性不清晰都造成了一定程度的市场失灵的情况，导致产学研的合作效率比较低。

二 政策内容

我国产学研合作相关国家政策经历了四个阶段：改革开放初期产学研合作政策的萌芽时期；市场经济体制下产学研合作政策的探索时期；促进企业为主体的产学研合作机制的政策发展时期以及产学研合作升至国家战略高度的政策繁荣时期。从1978年至今这四个阶段的产学研合作发展有了一定的效果。较为典型的相关政策如2006年国家出台的《国家中长期科学和技术发展规划纲要（2006—2020年）》，我国产学研合作协同创新工作进入了全面发展的阶段，政府通过金融支持、基础设施建设、法律健全、法规管制、公共服务、税收优惠、资金投入、政府采购、人才培养等各个方面促进产学研合作的进一步发展。2012年的《关于深化科技体制改革 加快建设国家创新体系的意见》中指出，要加快以企业为主体、市场为导向、产学研合作的技术创新体系。2015年的《中共中央国务院关于深化体制机制改革 加快实施创新驱动发展战略的若干意见》中明确提出，鼓励构建以企业为主导、产学研合作的产业技术创新战略联盟。各地市也都积极响应国家相关政策，如东部地区的上海、深圳等地。上海市政府在实践中，大力推进产学研联盟，使上海在科技创新、发明和专利的质量和数量、科技投入力度、知名品牌和环境保护等方面都走在全国的前列，并在全国创新性地提出了建立产学研战略联盟，产学研战略联盟模式包括：科技园区模式、联合实验中心模式、企业附属研究院模式、项目联合模式。深圳市政府不断加快探索更好实现产学研结合的新途径与新机制。一方面，深圳市政府积极组建涵盖生物医药、医疗器械、数字电视、集成电路与先进制造等领域的省部级产学研合作示范基地，基建数量位居广东省第二位；另一方面，深圳市政府高度重视省部级企业科技特派员的选派推广工作，深圳市产学研结合模式：深圳市LED产学研合作联盟、高校落户深圳深化产学研结合基地、深圳企业博士后流动站、香港虚拟大学城。中部地区发展迅速的武汉、郑州等地。"2017中国产业创新峰会暨武汉市产学研合作论坛"在武汉召开，为促进产学研活动精准化、产学研项目实质化、产学研机制长效化，主办方在峰会上发布关于成立"武汉市产学研技术创新联盟"的倡议书，呼吁政产学研投各界参与，倡导以 NGO 组织形式搭建协同创新的共享服务平台。郑州市政府为贯彻落实《中共郑州市委、郑州市人民政府关于加快推进郑州国家自主创新示范区建设的若干政策意见》，鼓励高等学校、科研院所积极与企业开展产学研活动，促进科技成果的转化，制定《郑州市产学研合作计划实施细则》，并引导、支持河南省高等学校、科研院所与企业开展技术合作，强化科技与经济的紧密结合，促进科技成果在郑州转化。西部地区典型城市如西安、重庆等地区。2016 年陕西省科技厅公布《关于促进产学研合作工作的指导意见》，将全面深入推进产学研合作，鼓励企业联合高校共建省级重点实验室等研发平台；支持西安高新区在高校、科研院所设立"飞地"园区，吸纳和转化高校优质科技资源[①]。2017 年重庆市政府出台《重庆市加快推进高校产学研合作实施方案》，具体包括增强高校科技创新源头供给能力、建设一批产学研合作平台、实施一批产学研合作项目、培育一批产学研合作团队、建立产学研共育共享人才机制、构建产学研合作服务体系、完善产学研合作激励机制、支撑建立企业为主体的技术创新体系、深化国际产学研合作等九大方面，与高校、科研机构的产学研合作，提升了高校、科研机构科技创新服务社会经济发展的贡献能力。

[①] 张潇：《支持西安高新区设飞地园区》，《西安晚报》2015 年 11 月 4 日。

三 学者观点

《国家中长期科学和技术发展规划纲要（2006—2020年）》中明确提出要全面推进中国特色国家创新体系建设，建设以企业为主体、产学研结合的技术创新体系是国家创新体系的重要组成部分，并将其作为全面推进国家创新体系建设的突破口。产学研合作能够更有效地配置科技资源、激发科研机构的创新活力，并使企业获得持续创新的能力。为了避免产学研合作的体制僵化和边界障碍，必须在大幅度提高企业自身技术创新能力的同时，建立产学研多种形式结合的新机制。

选择较优的合作模式、采取相应的政策措施是确保产学研合作成功的前提。我国产学研合作区在不断创新发展过程中也出台了相应的配套政策，这些政策对于促进产学研合作、提高区域竞争力究竟具有多大价值，缺乏一个科学评价的标准。对产学研发展进程中制定的政策进行科学有效的评价有助于把握政策的效用并进行政策优化，从而调整、修正以及制定新的政策。

竞争压力促使企业联合高校、科研机构等科技创新组织，增强自身的创新能力以冲破个体单元所处的不利环境。产学研合作是产业界与学术界、科研界为了共同实现创新目标而形成的合作交流活动。它是由产业界所启动，以学术界、科研界的研究开发活动为起点，再经过产业界成功的市场实践，从而在高科技层次上实现的创新。产学研合作既是学术科研性的产业活动，又是产业性的学术科研活动，是科研、教育、生产不同分工系统在功能与资源优势上的协同与集成化[①]。通过公共政策促进产学研合作，不仅是产学研合作的内在需求，也是

---

① 辛爱芳：《我国产学研合作模式与政策设计研究》，硕士学位论文，南京工业大学，2004年。

全面推进创新型国家建设的必然要求。若要实现高水平、高起点的协同创新，势必需要在健全政府引导调控下外部需求驱动机制上有突破性进展。英国的弗里曼（Freeman C.）教授于1987年在《技术和经济运行：来自日本的经验》一书中提出了"国家创新系统"这一概念，指出创新不仅是产学研三方合作的一种行为，更是一种国家行为。这种国家行为对一国经济发展和竞争力的提高显示出了巨大的作用。[①]换句话说，要想实现国家经济的跨越式发展，单纯依靠自由竞争的市场经济和以往自发的产学研合作是不够的，还需要政府的政策干预和制度支持，以保证企业和国家长期战略的实施。改革开放以来，我国产学研合作取得了突破性进展，从最初的探索联合到现在把产学研结合提升到国家战略高度，期间培养了大量科技人才，提高了科技转化效率，增强了企业自主创新能力，促进了高新技术产业的发展，大大提升了我国的科技实力及产业竞争力。各类政策的扶持对产学研合作的发展起到了积极作用，例如财政政策、金融政策、政府采购政策、知识产权保护政策、中小企业政策、人才政策、产业政策、促进创新主体间合作的政策、鼓励国际合作与交流政策等。国内学者对产学研合作政策工具的研究也取得了一定成绩。周笑（2008）认为，政府引导产学研合作的公共政策应包括建立完善的产学研信息发布网络平台、建立预评估和筛选机制、建设大学科技园、完善知识产权保护机制和收益分配机制、培育专业化的产学研合作中介服务机构等。[②] 唐志（2010）提出我国目前的产学研合作公共政策包括科技成果转化政策、科技计划和专项项目的政策、税收优惠政策、知识产权制度、激励和评价机制。[③]

[①] 转引自张风、何传名《国家创新系统——第二次现代化的发动机》，高等教育出版社1999年版。

[②] 周笑：《产学研合作中的政策需求与政府作用研究》，硕士学位论文，南京航空航天大学，2008年。

[③] 唐志：《产学研合作创新的公共政策研究》，硕士学位论文，天津大学，2010年。

不过，相比其他先进的产学研合作区，例如美国硅谷、中国台湾新竹等，大陆比较出名的产学研合作区，例如武汉东湖高新技术开发区等，也缺乏前者所具有的国际影响力。面对愈演愈烈的市场竞争，现有的产学研合作政策已难以满足新的需求，政策缺陷所引发的问题愈发明显，因此，急需制定新的科学合理的产学研合作区政策。通过对现有政策进行评价有助于发掘政策自身的不足，进而制定新的科学合理的政策，从而促成更具区域竞争力的产学研合作。在以往的文献中，还鲜有产学研合作政策评价方面的研究。本章立足于产学研合作区政策评价研究，通过分析提升产学研合作区区域竞争力的推动力量，对现有政策进行分类，建立基于模糊多准则法的分析模型，分析推动力量的重要性及现有政策对提升产学研合作区区域竞争力的贡献大小，并对其重要性进行排序。

第二节 产学研合作区——具有区域竞争力的推动力量

一 推动力量模型

美国《关于产业竞争力的总统委员会报告》认为，国际竞争力是在自由良好的市场条件下，能够在国际市场上提供好的产品、好的服务，同时又能提高本国人民生活水平的能力。按照这种说法，产品在全球的市场占有率是产学研合作区国际影响力最直接的表现形式。因此要想提升产学研合作区的竞争影响力，就要从根本上提升区域内企业的产业竞争力。美国硅谷、中国台湾新竹之所以远近闻名，是因为它在极大程度上带动了区域甚至国家高新技术产业的发展。波特（2002）在《国家竞争优势》一书中提出了著名的"钻石理论"，并指出国家的某种产业竞争力主要具有四个方面的推动力量：生产要素条件、需求要素条件、当地相关产业与支持性产业,企业战略、结构和竞争企业的表现①。本章在总结前人研究成果的基础上,将产学研合作区具有区域竞争力的推动力量比作一个飞机模型,其中投入因素、文化存在、需求要素分别比作飞机动力装置、机身以及机头,相关支撑产业、政府扶持比作机翼,合作主体间有效互动比作支持飞机航行的大气流。各推动力量彼此独立却又协同分工,缺一不可,共同推动产学研合作的发展。具体模型如图1-1所示。

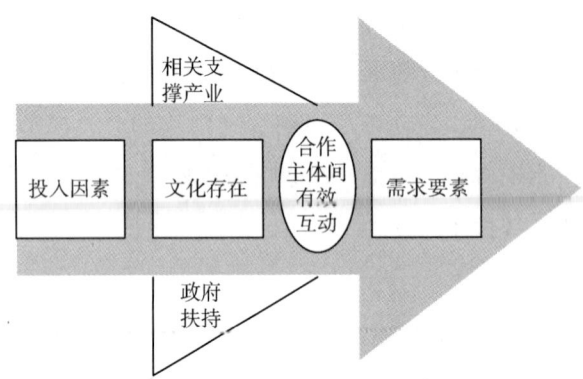

图1-1 产学研合作区域竞争力推动力量

二 推动力量要素

投入因素。Rojas(2007)将决定产业质量的投入因素分为五个类别,即人力资源、物力资源、知识资源、资本资源及基础设施②。技术生产力、资本及信息基础设施的投入不可间断。除此之外,还有一些难以被取代的投入因素,主要包括企业家精神、风险资本投资等。

---

① 迈克尔·波特:《国家竞争优势》,华夏出版社2002年版。
② Rojas, T. D., "National Forest Economic Clusters: A New Model for Assessing National-Forest-Based Natural Resources Products and Services", *USDA*, *General Technical Report PNW-GTR-703*, *Feb.* 2007.

企业家精神就好比火车头，它在选择、采纳决策思想方面扮演着十分重要的角色。Wonglimpiyarat（2008）强调风险资本投资在创造惊人的经济增长时起着至关重要的作用[1]。

需求要素。消费者需求推动产业的形成并拉动产业的增长。Porter（1998）认为一个发展成熟的市场是产生竞争的重要基础[2]。因为这种市场需要时刻与当地消费者保持紧密的接触，这也使得企业能够更好理解消费者需求，因此处在这种市场环境中的企业就有可能生产出更具竞争力的产品。而在当地经过检验的企业会刺激企业主动去挑战其他区域甚至国际市场。

相关支撑产业。相关产业指的是互相提供互补产品及服务的企业，本章提到的相关支撑产业特指产学研合作区的相关产业。尽管相关产业在生产服务的价值链上存在根本的竞争关系，但它们依然可以在某些活动上面达成分享协作，例如技术发展、市场等，同一区域内相关企业紧密的工作关系使技术创新和产业升级的过程变得更加容易。

合作主体间有效互动。在技术创新体系中，必须坚持以企业为主体，通过建立有效的运行体制机制来解决产学研合作中涉及的一系列关键问题，如科技成果来源、资金投入、利益分配、产业化运作、经济效益等。解决这些问题是保证产学研合作顺利进行的基础。产学研合作主体间的有效互动是在此基础上，通过建立信息基础设施等方式保证产学研合作区内外部间的信息畅通，进而不断协调和改善现有的运行体制机制。

政府扶持。如果把合作主体间的有效互动看成是产学研合作的内

---

[1] Wonglimpiyarat, Jarunee, "Building Effective Research Evaluation Systems Toassist R & D Investment Decisions", *International Journal of Business Innovation and Research*, 2008, 2 (2): 123 - 140.

[2] Porter, M. E., *The competitive advantage of nations (with a new foreword)*, New York: The Free Press, 1998.

部动力机制,那么政府扶持就是产学研合作最重要的外部动力机制。吴文华(1999)从分析建立产学研合作的过程出发,探讨了政府参与产学研合作的原因及其在产学研中的重要地位和作用①。在新产学研合作模式下,随着政府从主导者到服务者的成功转型,政府的主要职责便聚焦于技术发展、基础设施及新技术研发方面的投资,通过政策制定的方式稳步促进现有产学研合作及吸引其他高新技术产业加盟,从而不断壮大产学研合作区。

文化存在。创新是创新文化的外在表现,拥有创新文化的企业将会更加积极主动地提升产业竞争力。文化不仅从公司策略、组织结构等方面影响着企业,更从对创业者和竞争意识的培养方面影响着整个合作区域。Olie(1994)曾指出文化的不同将会是产学研合作的巨大障碍②。但一个区域若是可以将不同先进文化进行融合,将产生难以想象的创造力。这在我国台湾新竹的成功实践中已经得到了最有力的验证,美国硅谷的创业文化和中国大陆传统文化的有效融合,在中国台湾新竹迈向国际舞台的过程中形成了一股重要推动力量。

第三节 产学研合作政策分类

《国家中长期科学和技术发展规划纲要(2006—2020年)》在政策制定指导方面提出了四个"有利于",即所有政策都必须有利于增强自主创新能力,有利于激发科技人员的积极性和创造性,有利于充分利用国内外科技资源,有利于科技支撑和引领经济社会的发展。波特曾将促使产业在国际竞争中取胜的政策资源归结为五类:经纪人政策、需求政策、培训政策、市场政策、基础政策框架。本章根据政策

---

① 吴文华:《产学研合作中的政府行为研究》,《科技管理研究》1999年第2期。

② Olie, R., "Shades of culture and institutions in international mergers", *Organizational Studies*, 1994, 15, 381–405.

实现的功能将已制定的产学研合作政策分为五类：代理政策、需求要素政策、培训政策、国际交流政策及宏观架构政策，这五大类政策包含了我国政府为促进产学研合作而制定的主要政策，它们彼此间相互独立却能相互补充，它们之间的关系如图 1-2 所示。

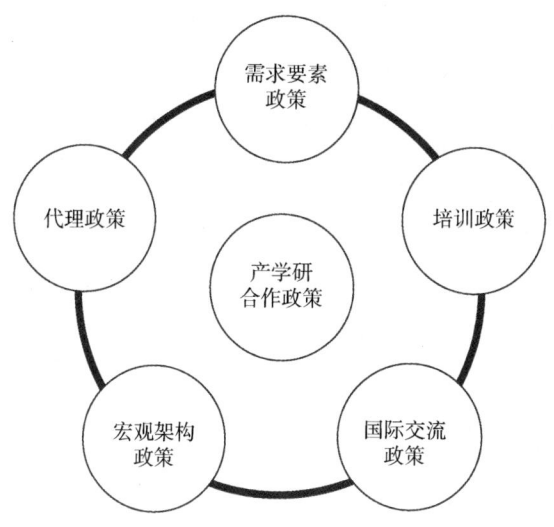

图 1-2　关于产学研合作的政策

一　代理政策

代理政策是政府为稳固产学研合作主体具有价值的沟通而修建的渠道，主要包括创建平台、知识产权保护以及中介服务机构。平台建设不仅可以促进产学研合作区产业网络的增长，而且还可以借此与外部其他区域保持连接。知识产权保护将吸引个体研究者积极投入区域技术研究开发。中介服务机构不但可以帮助企业选择最为合适的合作伙伴，而且在某些特殊情况下，可以提供应急服务，帮助合作主体赢得宝贵时间。

二 需求要素政策

需求要素政策主要是为了提升企业追求新思想、新技术的热情及营造良好市场环境而制定的。政府采购和政府刺激是拉动需求、保证企业创新产品未来利润的两个重要工具，政府应该把握好两者间关系，加以灵活运用，并通过政策制定的方式反映出来。例如，承诺以较高价格购买较大数量的某项产学研合作研发产品。当然，政府支出应该以产品质量为基础：高质量的产品应该被确保即时利润，反之则应该通过公众讨价还价确定一个具有竞争力的价格。这样做的主要目的就是激励产学研合作研发高质量的产品。

三 培训政策

培训政策既包含了对中小企业的培养，又包含了对人才的栽培吸引。企业一经检验入驻产学研合作区，就可享受区域内的财政、金融及企业优惠政策。财政和金融政策可以解决中小企业发展面临的资金问题，而企业优惠政策无论是对刚刚创立的企业还是对企业今后的发展都提供了良好的空间。人才政策至关重要，一切竞争的根源都是人之间的竞争，人才政策既是为了培养并留住本地人才又要有吸引其他区域人才的筹码。

四 国际交流政策

随着市场规则协调开始带动资源跨越国界流动，促进国际交流政策的制定将意味着减少国际贸易障碍及增强运输和交流系统。协调技术贸易标准成为当前国际贸易交流的最大障碍，政府可以为产学研合作区内的企业提供信息、技术及培训,帮助它们去满足国际交流所需要的技术标准。这样做一方面可以促进区域内产业发展,另一方面也可以吸引其他区域的企业入驻。

五 宏观架构政策

如果说前面政策的实施是为了使产学研合作区域具有吸引力,那么宏观架构政策就是为了保证产学研合作区域能够正常运转。它包括建立完善的基础设施、维持宏观经济的稳定性及确保产学研合作的公正性。

结合以上分析的六大推动力量及五大政策,构建产学研合作区政策创新评价框架如图1-3所示。

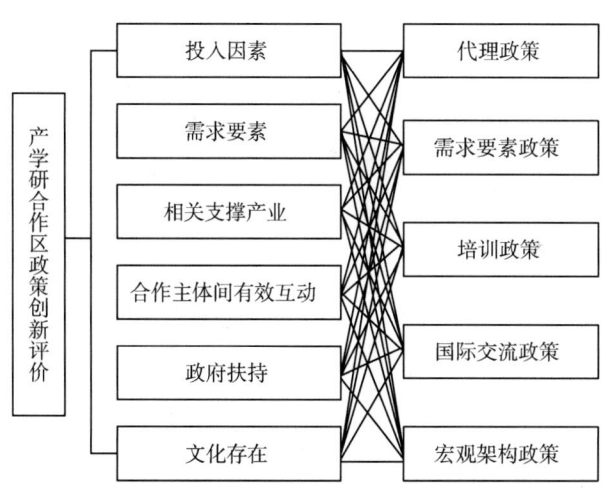

图1-3 产学研合作区政策创新评价框架

第四节 多层次模糊综合评价模型

一 建立评价指标的层次结构模型

记 U = （U_1，U_2，…，U_n），其中 U 代表产学研政策评估指标体系，U_i 代表第 i 个一级评价指标，将 U = （U_1，U_2，…，U_n）称为第一层结构模型。其中 Ui = （U_{i1}，U_{i2}，…，U_{im}）（i = 1, 2, …, n），称为第二层结构模型。

二 确定各层指标的权重值

本章构造层次结构模型较为复杂且指标数据难以获得，因此本章采用层次分析法来确定各项指标的权重。用层次分析法计算指标权重主要包含判断矩阵的构造及确定权重并进行一致性检验两个方面的内容。

1. 构造判断矩阵

以上一层的指标为基准，对本层的指标进行相对重要性比较，为了使比较结果定量化，本章采用1—9标度法，其中各个数值选取的含义如表1-1所示。

表1-1　　　　　　　　相对重要性标度及其描述

标度 a_{ij}	定义
1	i 因素与 j 因素同等重要
3	i 因素比 j 因素略重要
5	i 因素比 j 因素较重要
7	i 因素比 j 因素非常重要

续表

标度 a_{ij}	定义
9	i 因素比 j 因素绝对重要
2, 4, 6, 8	上述相邻判断的中间值
倒数	若因素 j 与 i 的重要性比为 a_{ji}，则 $a_{ji} = 1/a_{ij}$

2. 确立权重并进行一致性检验

根据所构造的判断矩阵，只需求出它的最大特征值 λ_{max} 及其所对应的特征向量即可，该特征向量便是对应判断矩阵的权重向量。为了防止在判断矩阵的构造过程中出现有违常识的判断，因此需要对判断结果进行一致性检验。检验公式为

$$CI = \frac{\lambda_{max} - n}{n - 1} \quad (1-1)$$

$$CR = \frac{CI}{RI} \quad (1-2)$$

式（1-1）、式（1-2）中，CI 为判断矩阵的一致性指标，RI 为随机一致性指标值，CR 为修正后的一致性比率，n 为判断矩阵的维数。随机一致性指标值见表 1-2。

表 1-2　　　　　　　随机一致性指标值

矩阵阶数	1	2	3	4	5	6	7	8
RI	0	0	0.58	0.90	1.12	1.24	1.32	1.41

只有当修正后的一致性比率 CR < 0.1 时，才认为判断矩阵通过一致性检验，否则就需要重新构造判断矩阵。以上过程均可以通过 Matlab 编程实现。

三　建立评价集

对产学研政策评估体系中的每一个指标都需要进行等级评定，

假设可以划分为 P 个等级（P 一般取 4—9 之间的数值）。记评价集为 $V = (V_1, V_2, \cdots, V_P)$。本章将 P 定义为 5，即 V =（高，较高，中等，较低，低）。

四 多层次模糊综合评价

1. 一级模糊综合评价

先对产学研政策评估指标体系第一层结构模型 U_i（$i = 1, 2, \cdots, n$）所包含的二级指标即 $U_i = (U_{i1}, U_{i2}, \cdots, U_{im})$（$i = 1, 2, \cdots, n$）进行单因素模糊评价，由于 m 个指标相对 U_i 的指标权重不一样，因此本章先利用层次分析法计算出 U_i 的权重向量 W_i（$w_{i1}, w_{i2}, \cdots, w_{im}$），且满足 $\sum_{j=1}^{m} W_{ij} = 1$。$w_{ij}$（$j = 1, 2, \cdots, m$）可以被称为是 U_{ij}（$j = 1, 2, \cdots, m$）对 U_i 的隶属程度。确定了隶属程度之后，接下来便是确定 U_{ij} 对应评价集 V_k（$k = 1, 2, \cdots, p$）的隶属关系 r_{ij}（$i = 1, 2, \cdots, m$；$j = 1, 2, \cdots, p$）。根据专家的投票结果，可得到 U_i（$i = 1, 2, \cdots, n$）的单因素模糊评价矩阵为

$$R_i = \begin{pmatrix} r_{11} & r_{12} & \cdots & r_{1p} \\ r_{21} & r_{22} & \cdots & r_{2p} \\ \vdots & \vdots & \vdots & \vdots \\ r_{m1} & r_{m2} & \cdots & r_{mp} \end{pmatrix}_{m \times p}$$

一级模糊综合评价为

$$C_i = W_i \circ R_i = (C_{ij})_{1 \times p} \quad (i = 1, 2, \cdots, n) \quad (1-3)$$

式中，$\circ$ 为模糊合成算子。

根据上述方法，便可以计算得到总模糊评价矩阵 $C = (C_1, C_2, \cdots, C_n)^T$。

2. 二级模糊综合评价

同理，首先依然利用层次分析法计算出产学研政策评估一级指标

U_i (i=1, 2, …, n) 的指标权重,得目标层的隶属程度 W (W_1, W_2, …, W_n)。

二级模糊综合评价

$$B = W \circ C = (b_1, b_2, \cdots, b_p) \qquad (1-4)$$

式中,C 为一级模糊综合评价最终得到的总模糊评价矩阵。

其中,b_k (k=1, 2, …, p) 分别与评价集 V 中的评价等级相对应,对所求的矩阵可以根据最大隶属度原则,得到产学研政策评估的最终结果。

第五节 政策评价过程

一 确定指标权重

采用层次分析法确定指标权重的关键是判断矩阵的构造,判断矩阵的构造离不开专家的理论经验,根据判断矩阵的构造标准,邀请相关领域专家对所建层次框架指标进行比较,本章邀请的 4 位专家分别为:2 位大学教授,1 位武汉东湖高新区的官员,1 位高新区内企业经理。通过对 4 位专家构造的判断矩阵进行加权平均,最终得到的结果如表 1-3—表 1-9 所示。

表 1-3　　　　产学研合作区域推动力量(A)目标层

A	投入因素 B_1	需求要素 B_2	相关支撑产业 B_3	合作主体间有效互动 B_4	政府扶持 B_5	文化存在 B_6	W	
B_1	1	5	3	2	3	4	0.36	
B_2	1/5	1	1/3	1/4	1/3	1/2	0.0507	C_1 = 0.0305
B_3	1/3	3	1	1/3	1/2	2	0.1139	

续表

A	投入因素 B_1	需求要素 B_2	相关支撑产业 B_3	合作主体间有效互动 B_4	政府扶持 B_5	文化存在 B_6	W	
B_4	1/2	4	3	1	2	3	0.2452	
B_5	1/3	3	2	1/2	1	2	0.1514	CR = 0.0246
B_6	1/4	2	1/2	1/3	1/2	1	0.0788	

表1-4 产学研合作区域投入因素（B_1）准则层

B_1	代理政策 C_1	需求要素政策 C_2	培训政策 C_3	国际交流政策 C_4	宏观架构政策 C_5	W	
C_1	1	3	1/3	2	1/2	0.1599	CI = 0.0170
C_2	1/3	1	1/5	1/2	1/4	0.0618	
C_3	3	5	1	4	2	0.4185	
C_4	1/2	2	1/4	1	1/3	0.0973	CR = 0.0152
C_5	2	4	1/2	3	1	0.2625	

表1-5 产学研合作区域需求要素（B_2）准则层

B_2	代理政策 C_1	需求要素政策 C_2	培训政策 C_3	国际交流政策 C_4	宏观架构政策 C_5	W	
C_1	1	1/4	1/2	1/3	1/5	0.0618	CI = 0.0170
C_2	4	1	3	2	1/2	0.2625	
C_3	2	1/3	1	1/2	1/4	0.0973	
C_4	3	1/2	2	1	1/3	0.1599	CR = 0.0152
C_5	5	2	4	3	1	0.4185	

表1-6 产学研合作区域相关支撑产业（B_3）准则层

B_3	代理政策 C_1	需求要素政策 C_2	培训政策 C_3	国际交流政策 C_4	宏观架构政策 C_5	W	
C_1	1	5	2	3	4	0.4185	CI = 0.0170
C_2	1/5	1	1/4	1/3	1/2	0.0618	

续表

B_3	代理 政策 C_1	需求要素 政策 C_2	培训 政策 C_3	国际交流 政策 C_4	宏观架构 政策 C_5	W	
C_3	1/2	4	1	2	3	0.2625	
C_4	1/3	3	1/2	1	2	0.1599	CR = 0.0152
C_5	1/4	2	1/3	1/2	1	0.0973	

表1-7　产学研合作区域合作主体间有效互动（B_4）准则层

B_4	代理 政策 C_1	需求要素 政策 C_2	培训 政策 C_3	国际交流 政策 C_4	宏观架构 政策 C_5	W	
C_1	1	5	4	3	2	0.4185	CI = 0.0170
C_2	1/5	1	1/2	1/3	1/4	0.0618	
C_3	1/4	2	1	1/2	1/3	0.0973	
C_4	1/3	3	2	1	1/2	0.1599	CR = 0.0152
C_5	1/2	4	3	2	1	0.2625	

表1-8　产学研合作区域政府扶持（B_5）准则层

B_5	代理 政策 C_1	需求要素 政策 C_2	培训 政策 C_3	国际交流 政策 C_4	宏观架构 政策 C_5	W	
C_1	1	1/3	1/5	1/2	1/4	0.0618	CI = 0.0170
C_2	3	1	1/3	2	1/2	0.1599	
C_3	5	3	1	4	2	0.4185	
C_4	2	1/2	1/4	1	1/3	0.0973	R = 0.0152
C_5	4	2	1/2	3	1	0.2625	

表1-9　产学研合作区域文化存在（B_6）准则层

B_6	代理 政策 C_1	需求要素 政策 C_2	培训 政策 C_3	国际交流 政策 C_4	宏观架构 政策 C_5	W	
C_1	1	1/4	1/3	1/5	1/2	0.0618	CI = 0.0170
C_2	4	1	2	1/2	3	0.2625	

续表

B_6	代理政策 C_1	需求要素政策 C_2	培训政策 C_3	国际交流政策 C_4	宏观架构政策 C_5	W	
C_3	3	1/2	1	1/3	2	0.1599	
C_4	5	2	3	1	4	0.4185	CR = 0.0152
C_5	2	1/3	1/2	1/4	1	0.0973	

通过以上各表，不仅可以直观显示提升产学研合作区域竞争力六大推动力量的重要性程度，其中投入因素、合作主体间有效互动及政府扶持是排名前三的推动力量，而且还可以知道针对每种推动力量各大政策所起到的贡献排序。例如，针对投入因素，培训政策的贡献率高达41.85%，居于各大政策之首，因此，若产学研合作区的投入因素不足，政府首先就应该考虑区域培训政策的制定及执行力度，并及时做出有针对性的改善。其余推动力量与政策之间的权重关系均可根据以上各表进行类似分析。

二 总体评价

本章针对提升产学研合作区域影响力的推动力量进行评价，评价中我们邀请了10位专家对相应的政策制定现状进行客观评价，然后结合前面得到的指标权重，可得到一级模糊综合评价为

$$B_1 = (0.1599 \quad 0.0618 \quad 0.4185 \quad 0.0973 \quad 0.2625)$$

$$\begin{pmatrix} 0.3 & 0.4 & 0.2 & 0.1 & 0 \\ 0 & 0.2 & 0.3 & 0.4 & 0.1 \\ 0.1 & 0.3 & 0.3 & 0.2 & 0.1 \\ 0 & 0.1 & 0.3 & 0.4 & 0.2 \\ 0.2 & 0.3 & 0.4 & 0.1 & 0 \end{pmatrix}$$

$$= (0.14232 \quad 0.29035 \quad 0.31026 \quad 0.18958 \quad 0.06749)$$

$B_2 = (0.0618\ \ 0.2625\ \ 0.0973\ \ 0.1599\ \ 0.4185)$

$\begin{pmatrix} 0.3 & 0.4 & 0.2 & 0.1 & 0 \\ 0 & 0.2 & 0.3 & 0.4 & 0.1 \\ 0.1 & 0.3 & 0.3 & 0.2 & 0.1 \\ 0 & 0.1 & 0.3 & 0.4 & 0.2 \\ 0.2 & 0.3 & 0.4 & 0.1 & 0 \end{pmatrix}$

$= (0.11197\ \ 0.24795\ \ 0.33567\ \ 0.23645\ \ 0.06796)$

$B_3 = (0.4185\ \ 0.0618\ \ 0.2625\ \ 0.1599\ \ 0.0973)$

$\begin{pmatrix} 0.3 & 0.4 & 0.2 & 0.1 & 0 \\ 0 & 0.2 & 0.3 & 0.4 & 0.1 \\ 0.1 & 0.3 & 0.3 & 0.2 & 0.1 \\ 0 & 0.1 & 0.3 & 0.4 & 0.2 \\ 0.2 & 0.3 & 0.4 & 0.1 & 0 \end{pmatrix}$

$= (0.17126\ \ 0.30369\ \ 0.26788\ \ 0.19276\ \ 0.06441)$

$B_4 = (0.4185\ \ 0.0618\ \ 0.0973\ \ 0.1599\ \ 0.2625)$

$\begin{pmatrix} 0.3 & 0.4 & 0.2 & 0.1 & 0 \\ 0 & 0.2 & 0.3 & 0.4 & 0.1 \\ 0.1 & 0.3 & 0.3 & 0.2 & 0.1 \\ 0 & 0.1 & 0.3 & 0.4 & 0.2 \\ 0.2 & 0.3 & 0.4 & 0.1 & 0 \end{pmatrix}$

$= (0.1878\ \ 0.3037\ \ 0.2844\ \ 0.1762\ \ 0.0479)$

$B_5 = (0.0618\ \ 0.1599\ \ 0.4185\ \ 0.0973\ \ 0.2625)$

$\begin{pmatrix} 0.3 & 0.4 & 0.2 & 0.1 & 0 \\ 0 & 0.2 & 0.3 & 0.4 & 0.1 \\ 0.1 & 0.3 & 0.3 & 0.2 & 0.1 \\ 0 & 0.1 & 0.3 & 0.4 & 0.2 \\ 0.2 & 0.3 & 0.4 & 0.1 & 0 \end{pmatrix}$

$= (0.11289\ 0.27073\ 0.32007\ 0.21901\ 0.0773)$

$B_6 = (0.0618\ 0.2625\ 0.1599\ 0.4185\ 0.0973)$

$$\begin{pmatrix} 0.3 & 0.4 & 0.2 & 0.1 & 0 \\ 0 & 0.2 & 0.3 & 0.4 & 0.1 \\ 0.1 & 0.3 & 0.3 & 0.2 & 0.1 \\ 0 & 0.1 & 0.3 & 0.4 & 0.2 \\ 0.2 & 0.3 & 0.4 & 0.1 & 0 \end{pmatrix}$$

$= (0.05399\ 0.19623\ 0.30355\ 0.32029\ 0.12594)$

因此，可得到二级综合评价为

$B = (0.36\ 0.0507\ 0.1139\ 0.2452\ 0.1514\ 0.0788)$

$$\begin{pmatrix} 0.1423 & 0.2904 & 0.3103 & 0.1896 & 0.0675 \\ 0.1120 & 0.2480 & 0.3357 & 0.2365 & 0.0680 \\ 0.1713 & 0.3037 & 0.2679 & 0.1928 & 0.0644 \\ 0.1878 & 0.3037 & 0.2844 & 0.1762 & 0.0479 \\ 0.1129 & 0.2707 & 0.3201 & 0.2190 & 0.0773 \\ 0.0540 & 0.1962 & 0.3036 & 0.3203 & 0.1259 \end{pmatrix}$$

$= (0.1438\ 0.2826\ 0.3013\ 0.2038\ 0.0685)$

如果将评价集V=（高，较高，中等，较低，低）中的高、较高、中等、较低、低，分别设为100分、90分、80分、70分、60分，那么本章政策评价的最终得分为$C = (0.1438\ 0.2826\ 0.3013\ 0.2038\ 0.0685)(100\ 90\ 80\ 70\ 60)^T = 82.294$分。说明我国目前的政策制定情况对于提高产学研合作区域竞争力还只是处于中等水平，存在较大的上升空间。相比美国硅谷等其他先进的产学研合作区，我国在知识、技术等吸引人才的硬件上有较大差距，只有比其他产学研合作区施行更加科学有效的政策，我国的产学研合作区才有望在国际舞台上立足。

本章小结

在分析产学研合作的相关背景后，得出要将以市场为导向的科技创新与以科技水平为导向的学术创新相结合才能够兼顾市场与科研两个方面，才能够统筹产业技术研究院下属的各个组织机构的资源配置与利益分配。但我国产业技术研究院发展较晚，再加上企业自身创新意识差、创新资金有限、人才匮乏、高校成果缺乏与现实产业对接等现状，使得产学研合作以及产业技术研究院发展的进程缓慢。本章以提升产学研合作区域国际竞争力为研究视角，在立足于分析产学研合作区域推动力量及现有政策的基础上，构建了融合层次分析法及模糊分析法的多层次模糊综合评价模型，并结合专家经验，将其应用于现有产学研合作政策分析评价。分析结果不但可以直观显示产学研合作区域六大推动力量的重要程度，还可以知道针对每种推动力量、各大政策所起到的贡献排序。结合前面的分析结果，对于如何提高产学研合作区的竞争影响力、如何合理地制定产学研合作政策，提出以下建议：

（1）要把握好政策引导的尺度。产学研合作是合作主体的一种自发性行为，它产生和发展的方向取决于市场的诱导作用。产学研合作政策的目标在于解决市场失灵及改善产学研合作的内外部环境。政府过多干预或者干预不足都将体现在不科学的政策上面，从而对产学研合作的发展造成阻碍。因此，政府在制定产学研合作区政策时一定要注意把握好尺度。

（2）充分发挥政策的间接引导作用。始终牢记企业是产学研合作的主导者，政府及其他法人单位应该充分发挥自身润滑剂或催化剂的作用，促进合作主体间的信息交换，加强合作主体间的供应联系，加快产学研合作区域内信息及技术的扩散，努力为产学研合作营造良好的发展环境，提高产学研合作区的区域竞争力及国际影响力。

（3）建立产学研合作区政策评价制度。政策评价的目标在于通过考察当前的政策效果，及时调整不合理的政策，或者改进政策实施方案，以提高政策效用。

本章最后还从整体上对我国当前产学研合作区政策制定现状进行了总体评价，评价结果表明，目前我国产学研合作区域的政策引导属中等水平，具有较大的提升空间。各合作区可以根据本章的分析结果对不足之处加以改善。

第二章 公共科技服务能力评估

第一节 绪论

多元主体参与公共科技服务能够有效集聚公共科技资源,满足各类主体科技创新活动、社会公众的科技需求和相关科技利益的诉求。产业技术研究院作为一种推动科技创新合作与科技成果转化的新型主体,它的迅速发展更离不开公共科技服务。产业技术研究院需要在公共科技服务所搭建的平台上进行更高效的信息交换,以便促进产业技术研究院了解最新科技动向、掌握最新科技成果、进一步推动科技成果转化以及产业高质高效升级。因此,探究公共科技服务、公共科技服务平台建设及价值、构建公共科技服务能力评估体系对更深入、更全面地研究产业技术研究院有举足轻重的作用。

一 公共科技服务

公共科技服务,是以政府为主导,包括公共部门、高校、科研院所、企业、其他组织及社会公众等多主体参与,通过对公共科技资源的配置和利用,为各种组织以及满足公众科技需求和相关科技利益诉求而提供科技服务的体制、机制、流程和方法的总称。公共科技服务平台是公共科技服务模式的重要表象载体，是实现公共科技服务的一种重要方式，是产业技术研究院信息交互、资源共享的重要平台之一。根据湖北省公共科技服务现状分析，湖北省公共科技服务平台的建设主要包括科技文献共享平台、大型科学仪器共享平台、科技企业孵化平台以及湖北省的优势特色产业公共服务平台。其中优势特色产业公共服务平台又包括软件开发与测试平台及光电测试技术服务平台。它们的建设将更好地服务于产品的设计、研发、质检及商业化的全过程。具体来说，在产品的整条创新链中，它们可以为相关企业依次提供咨询、规划设计，专业技术、仪器设备及人才，试验及人才培训、商品宣传等服务，帮助中小企业提高自主研发能力。同时，高校、科研机构可以通过平台加强彼此间的学术交流合作以及与企业之间的商业化合作，企业为前者提供资金支持，前者为其提供人才、仪器设备并帮助企业进行产品研发，这样一方面有利于资源的合理配置，另一方面也有助于提高科研成果的转化率。

二 公共科技服务平台

公共科技服务平台是政府为科技类公共服务活动和行为提供的一种科技类公共的服务产品和载体，目的在于促进科技进步、经济发展和社会文明的具体的公共服务在该载体上生成、生存与发展。随着我国进一步的对外开放，我国企业所面临的全球化竞争也越来越大，有很大一部分中小企业甚至是少部分的大型企业都受到了冲击，主要表现是其自主创新能力较弱、核心技术缺失等，这也大大制约了我国综合实力的提升。因此，要帮助企业意识到科技创新是企业发展的核心动力，是经济发展的重要力量。自主创新能力是一个国家或一个企业调整经济结构、转变经济增长方式、提升国际竞争力的重要环节。

区域竞争力的集合是国家的竞争实力。区域竞争力的核心是区域创新能力,是企业在激烈的自由市场竞争中取得有利地位的保障,决定了该地区的经济发展水平。区域创新体系是对创新体系的延伸,其建设因区域自身区位、资源、人文的特殊性的不同,使得所作出的战略决策总是不尽相同。区域经济理论和创新理论交叉融合形成了区域创新体系,该体系主要研究区域经济的创新问题,以创新手段实现该区域经济可持续发展。

随着区域创新体系理论研究与区域创新体系的逐渐成熟,区域创新体系得到了进一步的发展,各地区都建立了具有自身特色的区域创新体系,特别是北京、广州等发达城市及沿海部分城市,如上海、香港、深圳等区域创新体系成果丰硕,对区域创新体系的健全、区域产业技术研究院的崛起起到了推动作用。以北京市为例,北京市科委联合高校、科研机构、企业建立了一个立足于北京、辐射全国的科技公共服务平台。该平台的作用在于能够高效地整合北京地区各方面资源,形成集科技研发、科研成果迅速转化、产学研合作于一体的国际化大平台,参与主体可以在这里进行高效的信息交流、技术转移、产学研合作,有更多的机会参与财政科技支持项目、科技金融融资项目、科技研发支持服务。

三 公共科技服务平台价值

2006年我国颁布的《国家中长期科学和技术发展规划纲要(2006—2020年)》中指出,要经过15年的努力,到2020年使我国进入创新型国家行列。当前正是我国全面建设小康社会、转变经济增长方式和产业结构调整的重要时刻,科技进步和创新才能够带动生产力的飞跃,推动经济社会的全面、协调、可持续发展。各地市政府有责任帮助企业、高校、科研机构以及科技中介等主体单元搭建整合促进科技资源开放共享、推进科技与经济相结合、助力提升企业自主创新能力的科技公共服务平台，以促进科技与经济高效结合，调整结构、转换机制，推动科技创新、促进科技成果转化和产业化的快速发展。

公共科技服务平台的价值在于能支持我国产业技术研究院的建设。我国科技创新能力较弱，改革开放以来，我国大中小企业以及各个行业都遭受了国际市场的冲击，国内没有良好的科研基础设施，没有强大的科技资源条件，没有较强的科技资源服务能力，缺乏科研创新能力，这严重影响我国综合国力的提高。公共科技服务平台的出现可以有效解决我国科技创新发展缓慢的问题，该平台的自身属性可以有效推动科技资源共享，加快提升科技创新能力，为我国科技创新以及产业技术研究院的高速发展提供支撑。现阶段发展的科技资源服务平台都具有充实完善和高效整合科技创新资源并实施共享的能力，并且能够进一步吸引高素质人才，整体提高我国科技创新能力。

公共科技服务平台可以促进包括产业技术研究院在内的各组织、机构之间信息和科技的共享，推动经济发展和科技进步，其作用分为三个方面：首先，科技资源服务平台为科研人员提供舒适的科研环境和条件，促进科技创新活动的顺利开展；其次，为有意愿从事科研工作的全体公众提供工具和相应的信息；最后，能够为大中小企业的技术创新提供其必需的科技资源服务产品，为高校科研人员的创新成果更快地找到实现的途径。并且随着科技资源服务平台的影响力进一步增加，就能够聚积更多的科技资源，这对国家及社会的发展具有深远的意义。但由于科技服务平台的建设需要的资源并不能由某一些企业、高校或者民间组织提供，因此，政府必须承担起平台前期建设，不断积累资源、保护已有的科技创新资源，并充分利用。

区域科技创新能力是实现一个区域的经济可持续快速发展的关键。在区域科技创新过程中，为了避免系统不正常运行，政府必然会积极为区域科技创新构建一个能够提供优质高效服务的公共科技支撑体系，并通过社会各个组织的协调参与，实现公共科技服务。通过平台建设来配置利用公共科技资源的方式，公共科技服务实现了政府、企业、高校及科研机构的有效结合，减少了企业的信息成本，促进了高校、科研院所以及企业的研究与开发，形成了一个服务科技成果研究开发与转化的支持体系。公共科技服务对于提高区域科技创新能力进而实现经济飞速持续发展具有重大意义。

湖北拥有"九省通衢"的区位优势，有上百所高校的人才优势，有上千个研究机构的科技优势，且政府大力支持技术创新、体制创新，提出构建创新型城市的规划，这些都促使湖北区域创新体系的建设有了初步的发展。通过对湖北区域创新体系的发展现状进行深入研究，发现其中存在的问题，为湖北发展成为创新大省提出切实可行的方法和措施，进一步完善区域创新体系，提高区域创新能力，促进湖北经济的快速发展。同时，通过对区域创新体系理论的研究，进一步丰富区域创新理论，为学者们提供更多的借鉴，具有一定的理论意义。科学、客观、全面地对湖北省各区市的公共科技服务能力进行综合评价比较，不仅可以检测和总结湖北省各区市的公共科技服务能力及成效，有助于认清当前湖北省公共科技服务能力所处状态，找出影响湖北省各区市公共科技服务能力的主要影响因子，而且通过各区市之间的综合比较，有助于各个区市发掘自身的不足，相互借鉴学习，同时为各区市政府为建设产业技术研究院所必需的资源优化配置、采取政策投入等方式提供客观的参考依据。

第二节 学者观点

目前，国内外学者在公共科技服务方面的相关研究主要集中在公共科技服务平台的作用、公共科技服务平台建设的原则和方法、科技资源共享服务平台以及科技成果转化等几个方面。例如吴永忠（2004）认为，为适应科技发展与创新竞争的时代趋势，我国应当不失时机地推进国家科技基础条件平台建设，形成布局合理、功能齐全、开放高效、体系完备并能够为21世纪我国科技创新与综合国力增强提供服务的基础性知识平台[①]。徐冠华（2004）指出平台建设要以部门和地方为主组织实施。科技基础条件平台建设需要调动全社会的力量共同参与。要坚持政府主导、社会共建的方针，形成与部门、地方的互动和合作机制。发挥各部门、地方参与管理建设的积极性，引导部门、地方配套投入，通过加强集成和联建，优化配置科技资源[②]。朱西桂、赵永俭、童俊群（2003）阐述了高校大型仪器设备的管理必须适应科技教育发展的要求，要思考和研究如何建立适应新形势发展需要的管理机制，达到强化大型仪器设备管理的目的，为培养人才和发展科学技术提供强有力的支撑[③]。Grant（1991）按照可见性和附属性对科技资源作了分类[④]。根据Amit（1993）的研究，在资源之间可能存在四种关系，即替代关系、互补关系、增益关系和压制关系[⑤]。王洛忠（2004）认为政府应该是公共服务的提供者，政府应设法提高公共物品和公共服务的供给效率和供给质量，为高校科技成果转化奠定良好的基础设施条件[⑥]。

国内外学者对公共科技服务平台的作用、建设的原则和方法进行了研究，并深入研究了科技资源共享服务平台和科技成果转化，但是

---

① 吴永忠:《科技创新趋势与国家科技基础条件平台的建设》,《自然辩证法研究》2004年第9期。

② 徐冠华:《全面落实科学发展观》,《杭州科技》2004年第2期。

③ 朱西桂、赵永俭、童俊群:《加强机制创新,推进大型仪器设备管理工作》,《实验室研究与探索》2003年第2期。

④ Grant R. M., "The Resource-Based Theory of Competitive Advantage Implications for Strategy Formation", *California Management Review* (*Spring*), 1991.

⑤ Amit P. J. H., Schoemaker, "Strategic Assets and Organizational Rent", *Strategic Management Journal*, 1993 (14): 33–46.

⑥ 王洛忠:《高校科技成果转化中的政府作用分析》,《中国行政管理》2004年第3期。

较少对公共科技服务进行实证研究。在公共科技服务能力评价指标体系构建方面，由于公共科技服务带有浓厚的地域特点，不同地区的经济、资源、环境以及基础设施建设等都存在较大差异，考察不同地区的公共科技服务能力理所当然地将具有不同的侧重指标，评价的目的是提高地区公共科技服务能力，进而为经济发展提供强劲支撑。因此目前尚未形成统一的公共科技服务能力评价指标体系。另外，公共科技服务起步较晚，缺乏成熟的理论作为支撑，导致评价指标体系中的某些指标存在资料不全而难以处理的现象。

第三节　公共科技服务能力评估

一　指标体系的构建

（一）创新点

（1）本章采用定性与定量结合的研究方法，以公共科技服务模式的服务能力为研究视角，探讨公共科技服务模式优化的总体思路。

（2）本章在总结国内学者对公共科技服务研究内容的基础之上，提出了通用型的公共科技服务能力评估指标体系，这是本章最大的创新点。采用因子分析法，提取出公共科技服务能力的主要影响因子，命名并加以解释，在此基础上进行综合得分的计算，为各区域提高自身的公共科技服务能力提供了宏观参考方向。

（二）具体指标体系构建

考虑到公共科技服务模式影响因子的复杂性、多样性和可操作性，本书在此基础上遵循全面性原则、可比性原则、代表性原则以及实际可操作原则建立了一套较完整的易于定量分析的公共科技服务能力指标体系，分别从开放度、服务绩效、服务支撑等三个角度设置了15个指标来反映公共科技服务能力。具体的指标体系参见表

2-1所示①。

表 2-1　　　　　　　　　公共科技服务能力指标体系

一级指标		二级指标
开放度		科技成果的示范性推广（人/年）X_1
		用户技术咨询工作（人/年）X_2
		科技信息文献服务（人/年）X_3
		科技培训工作（人/年）X_4
		其他科技服务活动（人/年）X_5
服务绩效	服务数量	服务课题总数（个）X_6
		专利申请授权量（件）X_7
	服务质量	省级科技奖励数（件）X_8
		技术合同成交额（万元）X_9
		高新技术产业增加值（万元）X_{10}
服务支撑	基础设施人力支撑	科研仪器设备（万元）X_{11}
		科技服务人员（人）X_{12}
	政策资金激励	政府资金投入（万元）X_{13}
		企业自主研发投入（万元）X_{14}
		政府减免税（万元）X_{15}

二　研究方法及数学模型构建

（一）研究方法与分析工具

因子分析法具有通过多元统计方法从多个观测变量中找出少数几个综合因子来解释原始数据的特点，进而能客观有效地确定综合指标，所确定的权重是基于数据分析而得出的指标之间的内在结构关系，不

---

① 谢莉娇、徐善衍：《面向公众的公共科技服务及其价值探析》，《科技进步与对策》2010年第17期。

受主观因素影响，有较好的客观性，且得出的指标之间的信息交叉少，可比性强①。因此本章基于因子分析法来构建公共科技服务能力评价模型。

在数据处理过程中，本章借助 SPSS 统计软件辅助计算②。

（二）数学模型构建

本章假设设定的目标指标体系可以采用因子分析的方法来进行分析，因此首先需要建立一个用于因子分析的数学模型，本章所设定的因子分析的数学模型为

$$X = AF + \varepsilon \qquad (2-1)$$

其中，$X = (X_1, X_2L, X_p)$ 为原指标，$F = (F_1, F_2, LF_k)$ 为 X 的公共因子，A 为因子载荷矩阵，a_{ij} 称为因子载荷，反映了第 i 个变量在第 j 个因子上的重要性；ε 为特殊因子，表示了原有变量不能被因子解释的部分。本书使用主成分因子提取方法，其特点在于可以用方差贡献值 β_i 衡量第 i 个公因子的重要程度。

因子分析模型的建立步骤大致为：

首先，建立指标体系，构成原始矩阵 Z，在保证全部指标同向化的基础上对样本数据进行标准化处理，公式如下

$$X_{ij} = \frac{X_{ij} - \sqrt{X_j}}{\sqrt{S_j}} \quad (i = 1, 2L, p; j = 1, 2L, n) \qquad (2-2)$$

$$\overline{X_j} = \frac{1}{n} \sum_{j=1}^{n} X_{ij}, \quad S_j = \frac{1}{n-1} \sum_{j=1}^{n} (X_{ij} - \overline{X_j}) \quad (j = 1, 2L, p) \qquad (2-3)$$

得到标准化矩阵 R′，计算变量的简单相关系数矩阵 R。

其次，解特征方程 $|R - \lambda E| = 0$，计算相关矩阵的特征值 λ_i。若 $\lambda 1 \leq \lambda 2 \leq L\lambda p \leq 0$，则根据方差累计贡献率确定公共因子个数 P，前 K

---

① 虞晓芬、傅玳：《多指标综合评价方法综述》，《统计与决策》2007 年第 11 期。
② 宁连举、李萌：《基于因子分析法构建大中型工业企业技术创新能力评价模型》，《科研管理》2011 年第 3 期。

个因子的累计方差贡献率计算公式为

$$a_k = \sum_{i=1}^{k} \frac{S_i^2}{p} - \frac{\sum_{i=1}^{k} \lambda_i}{\sum_{i=1}^{p} \lambda_i} \quad (2-4)$$

再次,计算初始因子载荷矩阵和公共因子方差,用正交或斜交旋转的方法求得正交或斜交因子载荷矩阵;根据正交或斜交因子载荷矩阵相关系数绝对值,确定并命名公共因子。

最后,计算公共因子得分和综合得分。第 j 个因子在第 i 个样本上的值可表示为:$F_{ij} = \overline{W}_{j1}X_{1i} + \overline{W}_{j2}X_{2i} + L + \overline{W}_{jp}X_{pi}$,其中,$\overline{W}_{j1}$,$\overline{W}_{j2}$,L,$\overline{W}_{jp}$分别是第 j 个因子和第 1,2,L,p 个原有变量的因子值系数。

由此可见,因子分析过程是原有变量线性组合的结果,公共因子得分可看作各变量的加权($\overline{W}_{j1}$,$\overline{W}_{j2}$,L,$\overline{W}_{jp}$)总和,权数的大小表示了变量对因子的重要程度,于是有:$F_j = \overline{W}_{j1}X1 + \overline{W}_{j2}X2 + L + \overline{W}_{jp}Xp$(j=1,2,3,L,k)。

第四节 湖北省公共科技服务能力评估实证

一 湖北省公共科技服务模式建设现状

当前,湖北省公共科技服务采用的是"两个主导、多元协同"的服务模式,其中两个主导分别指的是政府和企业。政府作为服务的提供者,主要负责为公共科技服务提供物质性基础设施、人力资本投资及新技术的推广。企业作为服务对象,是产学研合作体系建设的主体,作为科研成果转化的枢纽,它的创新能力将决定整个区域的创新能力,因此是公共科技服务的核心。多元协同是指高校、科研机构及科技中介机构等社会组织也要充分发挥自己的特长,努力融入公共科技服务的建设之中。高校、科研机构是知识的沃土,技术的发源地,它们的作用主要是源源不断地为公共科技服务提供核心技术以及专业人才，而科技中介机构则起着连接其他参与主体的桥梁作用。湖北省具体的公共科技服务模式如图2-1所示。公共科技服务平台是公共科技主体实现协同并实现公共科技最大化提供的重要载体，具体来说，平台建设是实现湖北省公共科技服务模式功能的具体形式。首先，平台建设可以帮助中小企业解决所需要的资金、信息、技术及人才等方面的问题，例如科技中介服务平台专门为中小企业解决资金不足问题而提供的融资中介服务以及文献共享服务平台所具备的强大检索功能可以方便中小企业随时进行信息、技术方面的查询等等。其次，科技需求主体可以通过参加平台组织的培训或者依靠平台资源来不断提高自身的科技素质，增强自身的社会竞争力。最后，平台建设融合了先进技术及实验仪器，促使产业技术研究院的发展及其与各参与主体的交流合作，不但提升了各参与主体的自主研发能力，而且实现了科研成果向实用商品的转化，有助于实现科学技术带动经济发展的目标。

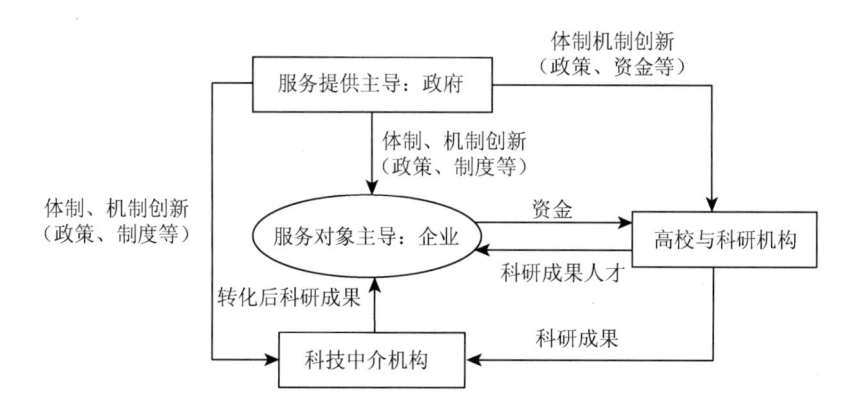

图2-1　湖北省公共科技服务模式

二 原始数据标准化

本章采用 SPSS 19.0 作为统计分析软件对 15 个指标的原始数据进行标准化处理,并得到各指标间的相关系数矩阵,如表 2-2 所示。原始统计数据来源于湖北省科技厅公布的《湖北科技统计年鉴 (2012)》[①]。

如表 2-2 所示,大多数指标的相关系数绝对值均在 0.3 以上,初步判定适合作因子分析。

三 因子分析检验

得出相关矩阵之后,经 Bartlett 球形度检验表明:Bartlett 值为 446.122,且 $P<0.001$,即矩阵不是单位矩阵,能够进行因子分析。Kaiser-Meyer-Olkin 的度量值为 0.258,说明因子分析的结果可以被接受。具体实验结果如表 2-3 所示。

四 因子提取

在相关系数矩阵的基础上,采用主成分分析法提取特征值大于 1 的因子,选取前 4 个因子作为公共因子,其累积贡献率达到 92.869%。具体实验分析结果如表 2-4 所示。

五 因子命名及解释

在初始载荷矩阵中,由于各因子典型代表变量比较模糊,不便于

---

① 湖北统计局:《湖北统计年鉴 (2012)》,中国统计出版社 2013 年版。

表 2-2　指标相关系数矩阵

	X_1	X_2	X_3	X_4	X_5	X_6	X_7	X_8	X_9	X_{10}	X_{11}	X_{12}	X_{13}	X_{14}	X_{15}
X_1	1.000	0.391	0.535	0.979	0.975	0.404	0.240	0.293	-0.414	0.591	0.410	0.360	0.331	-0.724	-0.747
X_2	0.391	1.000	0.976	0.300	0.411	0.415	0.643	0.528	0.582	0.375	0.795	0.669	0.643	0.456	0.222
X_3	0.535	0.976	1.000	0.460	0.558	0.382	0.628	0.543	0.507	0.346	0.733	0.663	0.634	0.406	0.201
X_4	0.979	0.300	0.460	1.000	0.990	0.321	0.150	0.171	-0.403	0.418	-0.532	0.280	0.174	-0.696	-0.599
X_5	0.975	0.411	0.558	0.990	1.000	0.446	0.200	0.196	-0.345	0.342	0.649	0.331	0.203	-0.655	-0.482
X_6	0.304	0.415	0.382	0.421	0.046	1.000	0.858	0.631	0.683	0.959	0.683	0.702	0.780	0.812	0.537
X_7	0.440	0.643	0.628	0.550	0.200	0.858	1.000	0.832	0.860	0.875	0.862	0.766	0.792	0.845	0.461
X_8	0.393	0.528	0.543	0.471	0.196	0.631	0.832	1.000	0.753	0.628	0.838	0.719	0.744	0.689	0.539
X_9	-0.414	0.582	0.507	-0.303	-0.045	0.683	0.860	0.753	1.000	0.744	0.802	0.530	0.616	0.859	0.235
X_{10}	0.591	0.375	0.346	0.418	0.042	0.959	0.875	0.628	0.744	1.000	0.646	0.572	0.724	0.889	0.356
X_{11}	0.510	0.795	0.733	-0.332	0.049	0.683	0.862	0.838	0.802	0.646	1.000	0.788	0.820	0.706	0.536
X_{12}	0.360	0.669	0.663	0.280	0.331	0.702	0.766	0.719	0.530	0.572	0.788	1.000	0.698	0.535	0.777
X_{13}	0.331	0.643	0.634	0.374	0.203	0.780	0.792	0.744	0.616	0.724	0.820	0.698	1.000	0.650	0.395
X_{14}	-0.424	0.456	0.406	-0.496	-0.055	0.812	0.845	0.689	0.859	0.889	0.706	0.535	0.650	1.000	0.278
X_{15}	-0.447	0.222	0.201	-0.599	-0.082	0.537	0.461	0.539	0.235	0.356	0.536	0.777	0.395	0.278	1.000

表2-3　　　　　　　　　KMO 和 Bartlett 的检验

取样足够度的 Kaiser-Meyer-Olkin 度量		0.258
Bartlett 的球形度检验	近似卡方	446.122
	df	105
	Sig.	0.000

表2-4　　　　　　　　　主成分特征根及其贡献率

因子	初始因子		
	特征根	方差贡献率	累积贡献率
X_1	8.350	55.665	55.665
X_2	3.343	22.289	77.954
X_3	1.152	7.680	85.634
X_4	1.085	7.236	92.869
X_5	0.458	3.052	95.921
X_6	0.347	2.313	98.234
X_7	0.107	0.716	98.950
X_8	0.073	0.486	99.436
X_9	0.044	0.296	99.733
X_{10}	0.025	0.164	99.896
X_{11}	0.010	0.069	99.965
X_{12}	0.003	0.019	99.984
X_{13}	0.002	0.014	99.998
X_{14}	0.000	0.002	100.000
X_{15}	8.745E-7	5.830E-6	100.000

进行因子命名及解释，因此需要进行进一步旋转变换，本章采用的是方差最大正交旋转法，旋转后的结果如表2-5所示。

表 2-5　　　　　　　　旋转后因子载荷矩阵

因子	主成分			
	F1	F2	F3	F4
X_{10}	0.965	0.042	0.048	0.151
X_{14}	0.918	-0.107	0.240	0.033
X_6	0.884	0.047	0.074	0.361
X_7	0.841	0.129	0.395	0.267
X_9	0.798	-0.147	0.473	-0.008
X_{13}	0.675	0.185	0.427	0.297
X_8	0.644	0.138	0.399	0.403
X_4	-0.018	0.994	0.077	-0.003
X_5	-0.011	0.976	0.189	-0.004
X_1	0.054	0.975	0.166	0.041
X_2	0.280	0.245	0.900	0.113
X_3	0.251	0.405	0.851	0.116
X_{11}	0.587	-0.070	0.694	0.374
X_{15}	0.216	-0.105	0.080	0.957
X_{12}	0.446	0.255	0.429	0.706

如表 2-5 所示，F1 主要解释了高新技术产业增加值、企业自主研发投入、服务课题总数、专利申请授权量、技术合同成交额、政府资金投入、省级科技奖励数 7 个指标，主要体现了区市公共科技服务发展环境。F2 主要解释了科技培训工作、其他科技服务活动、科技成果的示范性推广 3 个指标，主要体现了区市公共科技服务发展热情度。F3 主要解释了用户技术咨询工作、科技信息文献服务、科研仪器设备 3 个指标，反映了区市公共科技服务发展平台工具。F4 主要解释了政府减免税、科技服务人员 2 个指标，体现了区市公共科技服务发展趋势。

六 计算因子得分

本章采用回归法来估计因子得分系数,输出结果如表 2-6 所示。

表 2-6　　　　　　　　　因子得分系数矩阵

因子	公因子			
	F1	F2	F3	F4
X_1	0.029	0.323	-0.089	-0.004
X_2	-0.145	-0.064	0.484	-0.096
X_3	-0.133	0.001	0.427	-0.081
X_4	0.036	0.341	-0.128	-0.011
X_5	0.008	0.314	-0.050	-0.028
X_6	0.246	0.059	-0.247	0.083
X_7	0.168	0.025	-0.016	-0.025
X_8	0.063	0.015	0.019	0.121
X_9	0.171	-0.091	0.139	-0.240
X_{10}	0.329	0.067	-0.257	-0.093
X_{11}	-0.046	-0.119	0.282	0.070
X_{12}	-0.078	0.038	0.030	0.393
X_{13}	0.093	0.029	0.036	0.028
X_{14}	0.274	-0.025	-0.068	-0.201
X_{15}	-0.148	-0.041	-0.115	0.685

通过已经确定的公因子、因子得分系数以及原始变量的标准化值就可以计算出湖北省各区市的每个公因子得分及相应排名,计算结果如表 2-7 所示。

表 2-7　　　　　　　湖北省各区市各因子得分及相应排名

名次	公因子 F1 排名	得分	公因子 F2 排名	得分	公因子 F3 排名	得分	公因子 F4 排名	得分
1	襄阳市	3.01671	黄冈市	3.69533	宜昌市	3.49369	十堰市	3.1967
2	黄石市	1.27987	襄阳市	0.22065	黄冈市	0.137	荆州市	1.00465
3	宜昌市	1.01018	恩施州	0.05034	荆州市	0.04384	宜昌市	0.50936
4	荆州市	0.07296	荆州市	-0.1312	荆门市	0.0326	孝感市	0.42058
5	孝感市	0.00441	荆门市	-0.19544	咸宁市	-0.03868	随州市	0.10732
6	鄂州市	-0.00482	宜昌市	-0.25204	神农架	-0.07403	襄阳市	0.01948
7	荆门市	-0.15989	鄂州市	-0.25643	仙桃市	-0.08547	黄冈市	-0.08599
8	黄冈市	-0.34852	随州市	-0.29979	天门市	-0.08589	恩施州	-0.20181
9	咸宁市	-0.39148	十堰市	-0.3038	潜江市	-0.0993	荆门市	-0.31172
10	随州市	-0.51599	孝感市	-0.30988	恩施州	-0.12257	潜江市	-0.52667
11	十堰市	-0.52225	潜江市	-0.33068	黄石市	-0.15236	天门市	-0.57745
12	恩施州	-0.58889	天门市	-0.33893	孝感市	-0.30803	仙桃市	-0.60757
13	天门市	-0.62619	咸宁市	-0.34729	鄂州市	-0.32593	神农架	-0.60871
14	潜江市	-0.71065	仙桃市	-0.35427	随州市	-0.33763	咸宁市	-0.74147
15	仙桃市	-0.71244	神农架	-0.39345	十堰市	-0.69951	鄂州市	-0.75775
16	神农架	-0.80301	黄石市	-0.45312	襄阳市	-1.37775	黄石市	-0.83892

如表 2-7 所示，对于公因子 F1 即公共科技服务发展环境而言，襄阳市排名位于各地方市区之首，这在很大程度上与襄阳市长期为湖北老牌工业基地有关，企业科技实力较为雄厚。在公因子 F2 中，黄冈市居于首位，这说明黄冈市对公众的科学素质非常重视，同时比较注重公共科技的宣传。宜昌市在公因子 F3 中得分最高，说明宜昌市的平台建设水平较高，对公共科技服务的发展具有良好的支撑作用。十堰市在公共科技服务发展趋势上居于首位，则反映政府对于十堰中小企业的扶持力度较强。

七 综合评价

采用计算因子加权总分的方法对湖北省各区市的公共科技服务能力进行综合评价，其中权重的确定是关键，本章采用各公因子的方差贡献率与所有公因子解释的方差贡献率的比值作为权重，因此各区市综合得分的计算公式如下

F =（36.706% F1 + 22.023% F2 + 20.422% F3 + 13.718% F4）/ 92.869%

计算结果如表 2 - 8 所示。

表 2 - 8　湖北省各区市公共科技服务能力综合得分及排名

区市	综合得分	排名
宜昌市	1.183005	1
襄阳市	0.944573	2
黄冈市	0.755986	3
黄石市	0.240985	4
荆州市	0.155765	5
十堰市	0.039913	6
孝感市	- 0.07735	7
荆门市	- 0.14842	8
鄂州市	- 0.24632	9
恩施州	- 0.27758	10
随州市	- 0.33343	11
咸宁市	- 0.35512	12
天门市	- 0.43206	13
潜江市	- 0.45893	14
仙桃市	- 0.47414	15
神农架	- 0.51688	16

通过表2-8可知，宜昌市、襄阳市和黄冈市位居湖北省地方中心城市公共科技服务能力的前3名。宜昌市虽然综合得分排名第1，但在公因子F2上面的得分却为负数，与该因子得分第1的黄冈市依然存在较大差距，这说明宜昌市在公共科技服务宣传方面的工作还有待加强。襄阳市在综合得分排行榜上位居第2，公因子F1即公共科技服务环境是非常重要的贡献因素，但在公因子F3即公共科技服务发展工具上的得分却排名倒数第1，这说明襄阳市在公共科技服务平台的建设方面相对比较薄弱，在致力于实现公众科技资源共享方面还要多下工夫。黄冈市的综合得分排名第3，但在公因子F1及F3上面的得分均为负数，这说明黄冈市政府需要做的工作还有很多，一方面要加大政府自身的资金投入，另一方面还要制定相应政策，例如减免企业税收、加大人才引进力度等来为黄石公共科技服务的发展营造一个良好的环境。总之，各区市均需要从本章的分析中找出自身在公共科技服务能力方面存在的不足，针对不足之处来制定相应的措施，加强关键指标的投入，从而提高各区市的公共科技服务能力，减缓国家区域中心城市武汉市的压力，为湖北省的公共科技服务能力提高做出应有的贡献，为经济的持续高速发展提供强有力的支撑。

公共科技服务能力是区域创新水平提高的关键力量，是经济持续快速发展的有力支撑。目前湖北省总体公共科技服务能力落后于全国许多其他省份，针对此现象，本章立足于研究公共科技服务能力的评价模型，以因子分析法为工具，为公共科技服务能力评价提供方法和参考。研究主要得出如下几个结论：

（1）剖析了公共科技服务能力的组成。各区市公共科技服务能力主要取决于开放度、服务绩效以及服务支撑等三个方面，本章在此基础上，将公共科技服务能力定义为15个组成部分：科技成果的示范性推广、用户技术咨询工作、科技信息文献服务、科技培训工作、其他科技服务活动、服务课题总数、专利申请授权量、省级科技奖励数、技术合同成交额、高新技术产业增加值、科研仪器设备、科技服务人员、政府资金投入、企业自主研发投入、政府减免税。并根据表 2-6 可以对这 15 个指标的重要程度进行判断。从表 2-6 可以看出，高新技术产业增加值对公因子 F1 的贡献率是最大的，因此，政府可以通过制定相关政策及提供人才技术等方式来帮助企业提高自主研发能力，进而提高高新技术产业产值。按照这种方式，可以对公因子 F2、公因子 F3 以及公因子 F4 进行类似分析，并依此制定改善措施。

（2）定量分析，使各地区能够精准挖掘到公共科技服务中的不足。根据得出的因子得分函数公式，各地区可以计算出在各公共因子上的得分，并且可以通过与其他地区的横向比较找出自身的差距，帮助各地区政府做出更加有利于提高地区公共科技服务能力的决策。表 2-7 给出了湖北省各区市在各公共因子上的得分及排名，各区市政府可以以此作为参考，认清各公共因子在省内的地位，及时做出改善措施。

本章小结

公共科技服务的迅速发展是我国产业技术研究院建设的沃土，其公共属性可以更好地引领多组织积极参与，而公共科技服务平台的建立就在于为科技类公共服务活动和行为提供适宜的环境，是公共科技服务模式的重要表象载体，在分析其价值的基础上，以定性定量相结合的方式构建公共科技服务能力评估体系，并对湖北省公共科技服务能力进行评估。本章虽研究了公共科技服务能力评价的有关理论课题，但因资料与自身能力的局限，仅能将主要的研究点集中在影响因素分析、评价体系的建立以及公共科技服务能力的评价等几个关键问题的探讨上，因而存在一些不足。

（1）指标的局限性。主要是由于数据资料的获取不够全面，导致某些预先设定的指标没有被纳入最后的评价体系。例如能够体现政府政策的受理专利资助项目以及专利资助额等。另外，由于武汉市的公共科技服务能力相比湖北省其他区市太过强大，进行因子分析时导致其他区市的分析效果难以体现，因此，为了更好地对其他区市进行因子分析，本章没有将武汉市的数据资料考虑在内。因此湖北省（市）政府不能盲目照搬此模型的分析结果，应该综合考虑其他因素进行方案制定。

（2）分析的静态性。本章的分析模型属于静态分析，分析所用数据资料来源于湖北省2012年公布的科技统计年鉴，分析结果只能反映湖北省当前各区市的公共科技服务能力水平。而随着经济发展，这些指标数据会随时发生变化，因此需要定期利用此模型进行公共科技服务能力的分析，以制定出完善的方案。

第三章 区域科技创新资源优化配置

第一节 绪论

本书对区域科技创新资源优化配置更着重解决资源在特定区域中企业、科研机构、政府、大学及产业技术研究院等各组织机构间的高效分配和流动,并在此基础上给出相应的配套政策。产业技术研究院起始于政府、高校、科研院所和重要企业,区域科技创新资源的存量起基础性作用,通过科学的体制机制创新提高区域科技创新资源的配置效率也非常关键。对区域科技创新资源的要素进行归类、定量分析研究,针对性地进行资源配置优化是对产业技术研究院发展的最大支持,是最大限度实现产业技术研究院对科技管理及政策、产业规划升级、科技成果转化及应用的综合效益最大化。因此,区域科技创新资源的最优配置是建设产业技术研究院的重要前提。

一 区域科技创新背景

经济全球化势不可当,而"知识经济"在全球经济发展中扮演着越来越重要的角色,是经济社会可持续发展的巨大推动力。随着知识经济时代的到来,现阶段,决定经济社会发展的重要的战略性资源是知识与先进的科学技术的发展,而并非局限于传统的金融资本。因此,不断加大对科技资源的投入,积极构建各行业、不同区域的产业技术研究院,已经成为世界很多发达国家的战略性选择。

党的十九大报告提出创新是引领发展的第一动力,是建设现代化经济体系的战略支撑,中国对科技的投入也在不断增加,主要表现在:第一,从科技财力投入来看,2017年国家研发经费支出达到17606亿元,比上年增长10.9%;2017年国家财政科技拨款额达7266亿元,比上年增加702亿元,增长9.6%。第二,从科技人力投入来看,2011年我国研发人员为400余万,比上年增长11.8%,占研发人员总数的90%。第三,从人均研发经费来看,按研究与试验发展人员全时当量计算,研发人员年人均研发经费将由2014年的37万元/年提升到2020年的50万元/年。

2008年爆发的国际金融危机推动了我国实体工业的转型发展,加快催生了新一轮科技创新和产业革命,产业技术研究院在信息革命的推动下得到了更多的关注,自此,国际经济社会发展进入了空前的科技创新时代。习近平总书记在2015年两院院士大会上指出要把科技创新摆在更加重要的位置上,通过强化科技创新、产品创新,进一步加大供给侧结构性改革力度,为经济发展增添新的动力。区域科技创新资源配置也是供给侧改革在科技领域的重要体现,为国家创新能力的提升发挥基础性支撑和保证作用。加强区域科技创新能力对区域发展有以下几个方面的影响:(1)促进区域经济增长,提升区域竞争力;(2)促进区域经济结构调整,优化区域产业结构;(3)优化配置区域资源,实现区域经济的可持续发展;(4)使区域经济发展适应国际经济发展趋势。区域科技创新是一个中观概念,来源于国家科技创新理论[1][2]。

---

[1] Asheim T., Isaksen A., "Regional innovation systems the integration of local sticky and global ubiquitous knowledge", *Journal of Technology Transfer*, 2002 (27): 77-86.

[2] 薛飞、周文魁、黄斌:《基层科技创新能力评价指标体系研究》,《科技与经济》2014年第2期。

其中，区域科技创新的主体可以定义为政府、企业、高校以及研发机构，区域科技创新是指在一定的空间地域范围内各区域科技创新主体有效地利用区域科技创新资源，协调区域范围内的合作与竞争，满足各种资源的结构优化和高效配置，并推动区域科技创新的发展。但是区域由于空间和地域范围的限制，能够提供的资源是有限的，如何在有限的资源内创造出最大化的整体价值是资源配置的重点工作。明确科技人力、物力、财力以及信息等基础性科技创新资源分类方式[①]，并根据科技创新资源的分配方式寻找最大化科技创新效益，是科技创新资源优化配置研究的重点问题之一。如何在企业、科研机构、政府以及大学之间进行资源的分配和流动，并给出相应的配套政策，才能最大限度地实现综合效益最大化，是资源配置的核心问题[②]。

二　科技资源配置概念及存在问题

随着科技对经济发展的支撑作用进一步加深，科技对经济的贡献程度进一步提高，世界各国对科学技术的投入也在逐年增多。与此同时，科技资源的不足以及分配不合理现象明显，具体表现为大量的"浪费"现象和错配现象，世界各国都存在如科研机构不对外开放、条块分割现象，都使得大量的科技资源浪费，而不能得到更有效的利用。再加上科技计划的重复制定、实施及运用，科研物资的重复购置都严重浪费了稀缺的科研经费和科研资源，也严重制约了科技竞争力和科技创新能力。这种科技资源的浪费在我国尤为突出，看似很大的科技力量投入却并不能带来等质量或高质量的科技产品，这对我国科技能力的提高有很大的制约，对经济的发展起到的也是阻碍作用。因

---

①　成思危：《论创新型国家的建设》，《中国软科学》2009 年第 12 期。
②　覃睿、田先钰：《科技创新资源配置的价值预算模式研究》，《科技进步与对策》2012 年第 3 期。

此，优化科技资源的配置，并不断提升科技资源的配置效率，才是迫切需要解决的问题。

在这里需要注意的是低科技资源所形成的科技能力在国际上是不具备较强的竞争力的，其持续性也较短，并且低配效率只能造成科技资源的进一步浪费。唯有高效的、高质量的科技投入才能使资源更集约，才能更具有持续性。优化科技资源配置，提高资源配置效率比加大科技投入、提高科技资源的增量更加重要，因而，建设产业技术研究院就成为各个国家在提升自身科技竞争力的重要选择。

三 学者观点

目前关于科技资源及其配置概念的研究主要是从三个方面开始的。其一，从科技活动来讲，科技资源是一切科技发展的物质基石，是科技创新、产业研发的第一要素，是推动经济社会发展的主要推动力。而科技资源分配是指包括对配置规模、配置结构和配置方式在空间上的划分[1]。其二，从可持续发展的资源来讲，是能够直接或间接地推动科技创新，促进科技进步，最终达到推动经济社会发展的动力源泉。将科技资源定义为可持续发展的资源，更能促进经济可持续发展，实现科技创新与经济可持续发展的良性循环[2]。其三，从系统上来讲，科技资源及其配置划分为科学、技术核心、专业技能、技术市场四个部分[3]；同时，将科技资源配置定义为包含在全社会资源配置中的一个子体系中意义非凡，以创新为主才是创新体系构建的立足之本[4]。

---

[1] 周寄中：《科技资源论》，陕西人民教育出版社1999年版。
[2] 孙宝凤、李建华：《基于可持续发展的科技资源配置研究》，《社会科学战线》2001年第5期。
[3] 师萍、李垣：《科技资源体系内涵与制度因素》，《中国软科学》2000年第11期。
[4] 丁厚德：《科技资源配置的战略地位》，《哈尔滨工业大学学报》2001年第1期。

在现有对资源配置的研究中,对于定性方面,宋宇[1]从经济学的角度出发,对科技资源配置的过程进行详细描述;从定量方面,刘玲利[2]运用回归分析法,对不同主体科技创新效率进行研究,但是没有给出相应的配套政策。这些研究大都是基于时间序列为前提进行研究,缺乏基于资源分布的效益测度以及科技创新体系的构建。通过运用改进蚁群算法,对区域科技创新资源进行优化分配,并结合计算机编程工具,处理复杂的资源优化问题,并给出计算资源分配效益的方法,能够有效弥补以前研究的不足。

蚁群算法是Dorigo[3]受蚁群寻找最优路径的方式启发而提出,用来解决资源优化问题的一种方法。经典的蚁群算法主要用于旅行商问题(TSP)、二次分配问题(QAP),要求问题本身能提供启发式信息,建立目标函数及约束机制[4],并根据这些因子确立对应的实际对象,通过迭代运算,从而得到最优解。但是由于经典蚁群算法收敛速度慢并且容易陷入局部最优等问题。根据科技创新资源优化配置的特殊性,对传统蚁群算法进行改进,改进算法的收敛速度并减少局部最优的次数,以优化区域科技创新资源配置。

本章提出了科技资源要素的概念,对科技资源配置理论从多方面分析,对现有理论进行补充。补充了科技资源的内涵特征解释、科技资源配置行为及配置效率的相关知识以及科技资源配置系统的内在结构、运行机制和配置环境的发展。测度方法单一、对影响效率变化因素的分析不系统是科技资源配置效率研究的另外两个问题,提出先进

---

[1] 宋宇:《科技资源配置过程中的难点和无效率现象探讨》,《数量经济技术经济研究》1999年第11期。
[2] 刘玲利:《科技资源配置理论与配置效率研究》,博士学位论文,吉林大学,2007年。
[3] Dorigo M., Maniezzo V., Colorni A., *Positive Feedback as a Search Strategy*, Milan: MilanPolitecnico di Milano, 1991.
[4] 王守文、颜鹏:《经济新常态下产业技术研究院资源整合研究——基于改进蚁群算法的分析》,《科技进步与对策》2015年第21期。

的蚁群算法对科技资源配置效率的评价方法进行补充,实现了定量分析与定性分析的结合,对科技资源配置效率的科学发展有重要的借鉴意义。

第二节 区域科技创新资源要素归类分析

一 科技创新资源

近几年来,我国坚持"以用为本"的理念,根据区域发展需求,聚集各种人力、财力以及其他资源,引导科技专家深入加强科技创新,加快了区域科技创新的发展。资源依赖理论认为[①],保持机构活动开展并发展的核心是资源,要想让区域科技创新富有成效并能长期研究,必须合理分配各种有效资源。本书根据科技资源要素的功能不同,将科技创新资源分为2大类:基础科技创新资源和整体科技创新资源(见图3-1)。

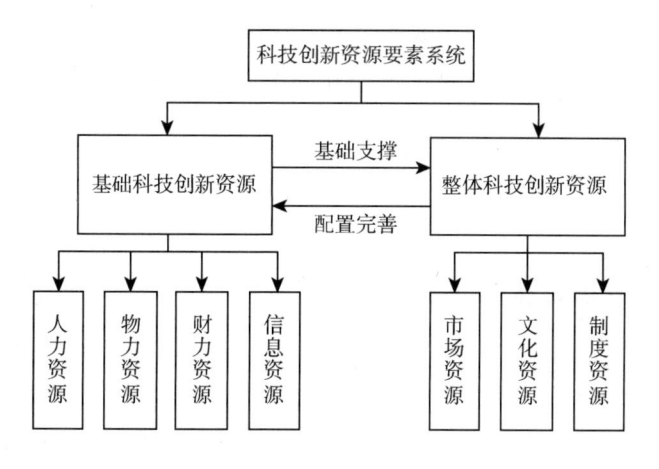

图3-1 科技创新资源要素系统

---

① 马迎贤:《资源依赖理论的发展和贡献评析》,《甘肃社会科学》2005年第1期。

二 基础科技创新资源

主要包括人力、物力、财力以及信息资源等。人力资源包括参与科技创新的人员，具有一定的智慧性特征，能够依靠参与科技创新人员的水平提高资源的利用效率；物力资源是指对科技创新活动中的各种设备、仪器的总述，具有可传承性特征，各种物力资源可以从某一项科技创新活动中发挥作用于其他类型的科技创新活动，具有可持续发展性；财力资源是指对科技创新活动投入的经费等，具有有限性特征，任何科技创新活动都不能超出一定成本，否则会失去科技创新的价值；信息资源是指推动科技创新活动的各种资料，具有开放性特征，在互联网快速发展的时代，各种信息资源都是网上共享的，在很大程度上保证了信息资源的获取。这些基础科技创新资源共同为科技创新活动提供物质支撑和知识支撑，在任何科技活动过程中都是必不可少的资源要素。其中，物质支撑和知识支撑是核心科技创新资源的重要支撑，是决定科技创新成果实用性和推广性的决定性因素，两种支撑作用互相配合，共同实现对科技创新的基础性支撑作用。基础科技创新资源是构成科技创新活动的基本要素，是不可缺少的核心资源要素。

三 整体科技创新资源

主要包括市场资源、文化资源和制度资源等。市场资源是指参与科技活动的各种市场的汇总，并从中获取的资源；文化资源要素是指科技创新活动中沉淀下来的知识体系及经验；制度资源要素是指各主体对科技创新活动的推进产生的政策制度，其中制度资源可能是推进科技创新活动，也有可能是抑制科技创新活动，具体情况具体分析。

整体科技创新资源相对于基础科技创新资源来说，是在逐渐发展的过程中对基础科技创新资源配置完善的，两种资源的相互作用、共同协调促进了科技创新活动的发展。整体科技创新资源具有累积性、功能性以及政策性特征，也就是说，整体科技创新资源是对基础科技创新资源的积累和完善，并能够通过一定的政策对基础科技创新资源进行配置和完善。

第三节　蚁群算法在科技创新资源筛选中的应用

一　基本蚁群算法

蚁群算法是模拟生物世界中蚂蚁觅食的仿生类算法。蚂蚁在搜索食物的过程中，会在其走过的路径上释放一种信息素，而且其他蚂蚁在走过这段路程时都能感知到这种激素，并以此来指导前进方向。当某一条路径走过的蚂蚁数量越多，这种信息素强度就会随之增强，随后走过这条路径的蚂蚁数量也会增多。如图3-2所示，现求解相同速度1的蚂蚁寻找E、F之间的最短距离。当t=0时，AD、CD、AB、BC路径上的蚂蚁数量均为15只，此时路径上均无信息素［见图3-2(b)］；当t=1时，AB路径上的信息素浓度会变为AD的一半，根据信息素浓度的大小，后续蚁群选择AD路径的数量将会是AB路径的2倍，同理可以得出C点蚁群选择路径的方式（见图3-2）。只有蚂蚁同时选择相同路径时，上述迭代过程才会结束。

由以上的分析可知，启发式信息及正反馈机制是蚁群算法求解最优解的两个关键因素。其中启发式信息一般由初始条件定义，由初始蚁群数来决定，正反馈机制即后续蚁群根据前者经验所留下的信息素浓度来选择路径的概率。

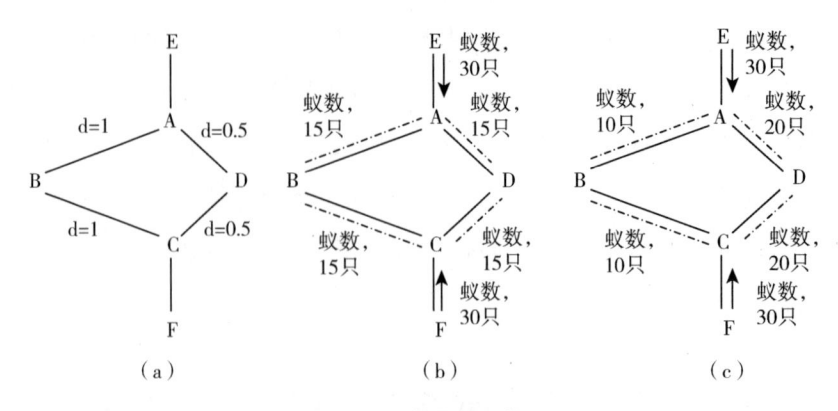

图 3-2 基本蚁群算法

二 蚁群算法的改进

正反馈机制既可以说是蚁群算法的优点,但是又是一种缺点。蚁群算法的正反馈机制能够保证蚁群寻找最优解,但是又因为反馈机制过强而导致过快找到局部最优,并不能满足人们的要求。为此,我们需要考虑信息素的挥发机制。随着时间的推移,信息素会随时间的推移作用变小,这样就会随着这种阻碍机制的作用,蚁群寻找最优解的能力下降,保证了迭代的次数,从而避免局部最优。

根据改进蚁群算法的3个决定性因子:启发式信息、正反馈机制以及信息素挥发机制,能够保证蚁群找到最优路径,也就是说科技创新活动能找到最优资源配置方式。因此,本章根据算法的过程确定迭代次数的因子取值来寻求最优解,为了调节蚁群寻找最优路径的时间和精度,可以对启发式信息和正反馈机制进行设定。以 γ 的取值代表2种机制的作用强度,若需要抑制算法的收敛,则减小 γ 值,也就是首先选择 γ_0,反之则选择 γ_1,因此 γ 的取值方式可以表示为

$$\gamma = \begin{cases} \gamma_0, & 0 < M < M_0 \\ \gamma_1, & M_0 < M < M_{max} \end{cases} \quad (3-1)$$

经过反复测验，M_{max}指的是最大迭代次数，其中 $20\% M_{max} < M_0 < 50\% M_{max}$，且 $\gamma_0 < \gamma_1$。

将基础和改进算法同时进行问题分析，发现基础算法要 41 次迭代才能达到全局最优解，而改进蚁群算法只需 26 次迭代运算就可以达到全局最优解。相比之下，改进蚁群算法能够加快收敛速度。收敛对比曲线所示，我们可以发现基本蚁群算法在第 5、17、20 次跃代时分别陷入局部最优的情况，而改进蚁群算法的求解曲线更加平衡，更快地进入全局最优（见图 3-3）。因此，改进的蚁群算法提高了收敛速度和搜索全局最优解的能力。

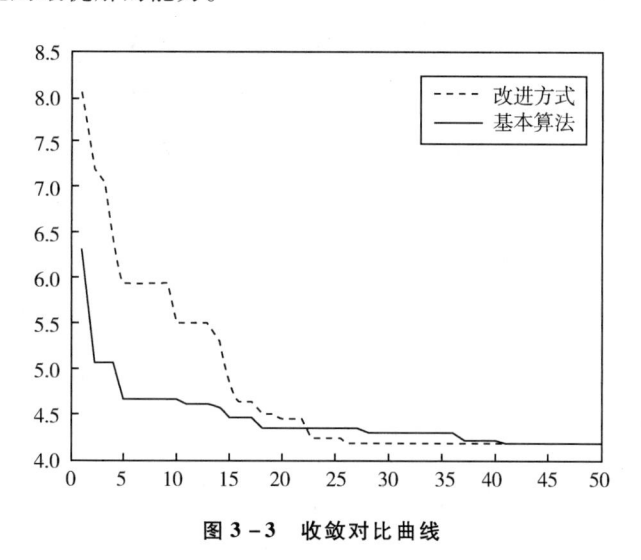

图 3-3 收敛对比曲线

三 区域科技创新资源筛选问题建模

在快速发展的社会，区域科技创新可利用的资源多种多样，并不是利用每一种资源都能带来最大的经济和社会效益，在最小化的经济和资源消耗下，最大化资源配置带来的绩效是近年来的研究目标，因此，本章主要从科技创新经济绩效和科技创新社会绩效两方面来分析科技创新资源配置下的效益。

其中,科技创新经济绩效是实现以最小的资源成本损耗来获得最大收益,假设资源 i 的成本是 c_i,优化配置该资源所增加的收益是 a_i,投资获取各种资源所花费的总和不超过 C,现从各种资源优化的方法中获取一种最大化经济效益的方式。根据求解目标的目的,可以将算法简化成以下模型

$$\max \sum_{i=1}^{n} a_i x_i = a_1 x_1 + a_2 x_2 + \cdots + a_n x_n \tag{3-2}$$

其中,$\sum_{i=1}^{n} c_i x_i \leqslant C$ 且 $1 \leqslant i \leqslant n$。

上式表明有 n 种资源会参与优化配置,但不是所有资源均参与优化过程,若资源参与优化,则 $x_i = 1$,否则为 0。

科技创新社会效益的评价指标主要是 GDP 的增长速率以及劳动生产率增长率,GDP 增长速率也就是经济增长的能力,速率越大,表明生产总值越大,科技创新带来的经济效益越大;反之,科技创新带来的经济效益越小。劳动生产率是指根据科技创新成果在实际应用过程中单位时间内产品生产量。由此可知,科技创新效益在一定程度上是由科技创新经济效益决定的。

$$劳动生产率 = \frac{本期劳动生产率 - 上期劳动生产率}{本期劳动生产率} \times 100\% \tag{3-3}$$

四 区域科技创新资源优化配置求解

要想对科技创新资源进行优化配置,就必须提前找到影响算法收敛性的 3 个决定因子:启发式信息、正反馈机制、信息素挥发机制。根据科技创新经济绩效和社会绩效的数学模型,不妨将启发式信息定义为 $t_i = a_i / c_i$,资源 i 带来的效益成本比值越大,表明蚁群选择资源 i 的概率越大,正反馈机制是后续蚁群根据前者蚁群选择资源留下的信

息素来选择资源的方式。前两种决定因子作用于蚁群首先选择某种资源的概率，所以用如下表达式来定义其概率

$$p_i^k = \begin{cases} \dfrac{t_i^\alpha u_i^\beta}{\sum t_i^\alpha u_i^\beta}, & i \in R(k) \\ 0, & i \notin R(k) \end{cases} \quad (3-4)$$

其中，α 为启发式信息 t_i 的作用系数，β 为信息素 u_i 的作用系数，均是常数值。p_i^k 的值越大，表示资源 i 被蚂蚁 k 选择的概率越大。

为了防止算法过快进入局部最优，系统中的信息素挥发机制将发挥作用，即局部更新和全局更新。局部更新是每只蚂蚁选择过后立即更新机制，而全局更新是整个迭代计算完成后进行系统的信息素完全更新。局部更新和全局更新的表达式如下所示：

$$局部更新：u_i = (1 - \theta_0) u_i + \Delta u_i^k \quad (3-5)$$

$$全局更新：u_i = (1 - \theta_1) u_i + \Delta u_i \quad (3-6)$$

其中，θ_0 表示局部信息素挥发因子，$0 < \theta_0 < 1$，Δu_i^k 表示某一时刻蚂蚁 k 在选择资源 i 时所留下的信息素含量；θ_1 表示全局信息素挥发因子，$0 < \theta_1 < 1$，Δu_i 表示每次迭代完成后根据效益特增的信息素。

为此，根据以上分析可以确定资源配置步骤如下：

(1) 主要参数赋值。定义蚂蚁数量为 K，迭代次数为 M_0、M_{max}，启发式信息 t_i 的作用系数为 α，信息素 u_i 的作用系数为 β。

(2) 根据式（3-4）计算蚂蚁选择每种资源的概率 p_i^k，并根据概率大小来排列资源的顺序。

(3) 按式（3-5）对信息素进行局部更新。

(4) 当 K 只蚂蚁均选择完毕后，也就是完成一次迭代运算后，按式（3-2）计算蚁群的目标效益值以及式（3-3）的劳动生产率，并记录下当前的函数值以及资源配置方式。

(5) 按式（3-6）进行信息素的全局更新。

(6) 重复步骤（2）—步骤（5），直到迭代停止。

五 以政府为主体的模拟实验

为了改进蚁群算法在科技创新资源配置上的测试，应用以政府为主体的资源提供者做模拟实验。不妨假设政府提供2种资源（人力资源、政策资源）作用于某一种科技创新活动，那么在科技创新经济效益评价中，根据四小节提出的算法，可以将启发式信息定义为提供相同的成本情况 c_i 下，根据取得的收益 a_i，确定启发式信息 $t_i = a_i / c_i$；正反馈机制即为后续蚁群根据前者的经验条件对资源选择的概率大小，启发式信息越大，正反馈机制越强，选择最优配置越快；信息素挥发机制是一种阻碍性信息，不妨将其定义为政府间不同层级的人为相互影响或者不利政策资源等，其作用越大，也就是收敛越慢，收益越小。

作用于某一科技创新活动时，按图3-4资源配置效益曲线将粗线条表示相同成本的人力资源的科技创新效益，细线条表示相同成本的信息资源的科技创新效益，2种资源不同的配置方式产生不同的经济效益。在蚁群选择资源的过程中，会有阻碍性信息影响蚁群的选择，即信息素挥发机制起作用。根据四小节的算法步骤，分别对1、2、3、4这4种配置方式进行迭代计算，直到所有蚂蚁均选择方式1，停止迭代。如果有3种资源，那么将有8种配置方式；如果有4种资源，那么将会有16种配置方式；同理可得，主体提供n种资源，将有 2^n 种资源配置方式，此时，运用改进蚁群算法的迭代运算，将大大减小工作量，并能够确定完善的资源配置方式。

第四节 区域科技创新资源配置体系优化策略

根据改进蚁群算法的资源优化配置的3个重要影响因子（启发式信息、正反馈机制、信息素挥发机制），对产业技术研究院中多元构

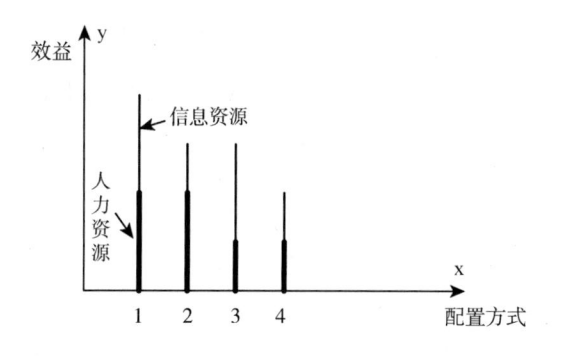

图 3-4 资源配置效益曲线

成主体（政府、企业、高校以及研发机构）的资源投入和分配有一定借鉴意义。从科技投入、人才支撑、政策研究等方面来看，还需结合政府、企业、大学以及研发机构完善区域科技创新体系，深化制度体系改革，加强对资源的管理，避免资源的过度利用或资源缺失，才能根据改进蚁群算法的区域科技创新资源优化配置落实并发挥预期功效。经济新常态时期，国家一直呼吁进行区域科技创新，区域科技创新也是国家创新能力的一种标志，区域内提供的科技创新资源多种多样，并不是每一种资源都是有利于获取经济效益的，所以我们要通过主体识别出资源中的启发式信息、正反馈机制以及信息素挥发机制。本章从以下 4 个方面对区域科技创新体系进行完善。

一　完善区域科技投入体系

区域科技投入体系是进行科技创新活动的首要保障。完善以政府投入为引导，企业、高校及研发机构为投入主体[1]，国家和银行金融支持的多目标、多层次投入体系。科技投入是科技研究和技术创新的

---

[1] 吴芸：《政府科技投入对科技创新的影响研究——基于40个国家1982—2010年面板数据的实证检验》，《科学学与科学技术管理》2014年第1期。

物质基础,从一定意义上讲,增加科技投入,相应地会增多科技资源的种类和数量,从而加大科技创新的成果。对资源的投入过多或者过少,都会对区域科技创新的效益产生一定的影响;同时,为了保证有正确的资源能够分配到区域范围内,完善区域科技投入体系能够起到一定的监督和保障作用。

二 完善知识创新平台

区域要想更快速地发展起来,就必须依靠大量知识的供应。以高校和研发机构为主体对象,共同建立知识创新平台,充分发挥区域内的高校和研究机构的科技创新作用,使其真正成为科技研究和技术创新的主力军。构建科技创新基地试点,提高高校和研究机构在基础研究和实际创新研究领域的整体能力,深化科技创新体制改革,通过政策引导、资金奖励,鼓励高校和科研机构联合创新,为区域提供更高质量和更高数量的科技创新资源。只有拥有完善的知识创新平台,才能拥有完善的科技知识体系,才能更好地将知识运用于科技创新活动。

三 完善社会服务系统

政府应该从三个方面完善社会服务系统:第一,营造有利于科技创新的文化环境。要加强科技创新,形成鼓励创新、尊重人才的社会环境。第二,制定完善的知识产权法律保护体系。认真执行创新知识产权工作,尊重创新人才的工作成果并且鼓励创新,否则可能会因为法律漏洞影响整个创新效益。第三,对科技创新实行激励政策[①]。对

---

① 敬乂嘉:《社会服务中的公共非营利合作关系研究——一个基于地方改革实践的分析》,《公共行政评论》2011年第5期。

区域人才科技创新成果进行评价，给予创新人才不同程度的资金、职称奖励，反之可能导致人力资源的不足。完善的社会服务系统能够给科技创新带来良好的社会环境，让科技创新活动能够循序渐进地开展。

四　加强人才引进与学术交流

区域科技创新必须有人才的参与，企业、大学和研究机构才能真正实施创新工作。人才是知识和技术的载体，必须加大人才吸引投入力度，营造良好的工作、学习环境，健全人才引进方针。以人才的合理利用为前提，深化用人制度改革，建立完善的人才引进制度[1][2]，吸引更多人才。积极进行区际人才交流合作，通过企业、高校以及研究机构间的合作，为区域培养更多的科技创新型人才，同时也加快区域科技创新的成果研究。各种资源在完善的区域科技创新体系的监督和管理下，实现资源的优化配置，使资源产生 1＋1＞2 的效果，并产生最大的经济和社会效益。

创建完善的区域科技创新体系不仅能够促进区域经济增长，提升区域竞争力，保证区域在区际甚至是国家的地位；还能优化配置区域资源，改善资源的利用方式和效率，实现区域经济的可持续发展。加快区域朝着科技创新的道路发展，这完全符合我国实现"中国梦"这一目标，并使区域科技创新能够真正落到实处。

本章小结

知识经济的发展势不可当，而知识经济的核心内容就是科学技术。

---

[1] 许爱萍：《区域科技创新人才聚集驱动要素分析——以京津冀为例》，《科技与经济》2014 年第 6 期。
[2] 芮雪琴、李环耐、牛冲槐：《科技人才聚集与区域创新能力互动关系实证研究——基于 2001—2010 年省际面板数据》，《科技进步与对策》2014 年第 6 期。

通过强化科技创新、产品创新,进一步加大供给侧结构性改革力度,建设产业技术研究院,实现资源最优配置的目标。因而区域科技创新资源配置也是产业技术研究院发展的重要表现形式,为国家创新能力的提升发挥基础性支撑和保证作用。因此如何在企业、科研机构、政府以及大学等各组织机构间进行资源的高效分配和流动,并给出相应的配套政策,才能最大限度地实现综合效益最大化,是本章研究的重点。本章通过改进的蚁群算法对区域科技创新资源进行优化配置是一种有效的优化路径,这需要一个科学程序。首先,根据资源特质对区域科技创新资源进行分类整理与描述;其次,分析对比基本蚁群算法和改进蚁群算法的精度和收敛速度,并根据改进蚁群算法建立区域科技创新资源筛选模型,确立通过迭代运算的资源配置步骤,然后得出算法求解下的最优资源配置方式;最后,根据改进蚁群算法的资源优化配置的3个重要影响因子(启发式信息、正反馈机制、信息素挥发机制),在政府参与过程中进行实践分析,再从整体视角对区域科技创新资源配置体系提出围绕区域科技投入体系、知识创新平台、社会服务系统、人才引进和学术交流4个方面策略建议,改善区域中正向资源投入与分配,加快区域科技创新的发展。

第二篇

产业技术研究院组织构成因素研究

在国家大力推动产学研合作的进程中，有更多的高校、高校智库、社会组织包括科技类基金会、科技中介、社会智库等机构积极参与，成为产业技术研究院的重要组成部分。在权力范围、责任划分、职能归属等各个方面进行分工、分组和协调，最后形成组织结构体系。因此，分析产业技术研究院组织构成因素对国家技术创新和科技进步有着重要的作用。在引导区域产业转移、参与政策制定及科研成果转化、实现科学技术推广普及、科技的基础教育、科技伦理及行业规范、弱化政府失灵和市场失灵、提高社会效益等方面发挥了巨大的作用。现阶段，多机构的产学研合作仅停留在较低层面，各机构的发展也存在较多问题，而产业技术研究院即可以从更高层面统筹各个机构进行更深层面的产学研合作，以促进政策的进一步实施，为高校、企业和社会创造出更多的交流合作机会，更能够推动科学技术的进一步推广及科研成果的转化，为企业创造更多的利益，为社会及国家的经济和科技的发展作出贡献。本篇具体分析了产业技术研究院组织构成部分之间的横向、纵向关系以及各组织构成部分的发展历程、社会价值、优势、现实困境、功能在区域产业转移、科技成果转化等现实问题中的实践路径，还提出了相应的政策建议和具体的路径设计，对完善产业技术研究院的组织构成提供现实依据，对产业技术研究院的结构体系完善有较大意义。

第四章 高校智库评价与创新

第一节 绪论

一 背景

高校智库能够凝聚高校资源，积极参与社会服务，也有效推动了区域创新。产业技术研究院要实现高校力量的有效融入，需要高校智库在科技管理与科技政策、产业发展规划、科技成果转化、产业技术市场化等方面积极建言献策。可以说，产业技术研究院对高校智库的利用能力反映了其未来高质量发展的能力。因此，要研究产业技术研究院构成要素，必须深入分析高校智库的发展现状、存在问题、优化路径。

智库一词最早起源于第二次世界大战时期的美国，其英文为"Think Tank"，又称"智囊机构"或是"头脑企业"，随着时代的发展和经济全球化，智库一词的含义早已不局限于原有的范围，智库作为产业技术研究院的主要组成部分，对国家的政策制定、经济发展和科技创新都有强大的推动作用，因此，智库的数量以及质量已经成为衡量一个国家科技创新水平、文化背景、经济能力的重要组成部分。目前欧美的智库主要分为学术型，如美国的布鲁金斯学会；综合型，如美国兰德公司；国际发展型，如英国皇家国际事务研究所。不同类型的智库对国家的经济社会发展发挥越来越重要的作用。

在全球重要智库中排名前 100 的中国智库仅有 6 所,包括现代国际关系研究院、上海国际问题研究院和国务院发展研究中心等,上海社会科学院的《中国智库报告》显示,2015 年我国有积极贡献的智库 400 多家,仅占总数的 9% 左右,其中高校智库占比更低。但是我国具有相当一部分高校都有着成为优秀智库的能力和条件。自改革开放以来,高校对政府、社会输出了大量的优秀的人才,参与了中央、地方政府的重大决策,充分发挥了其服务社会的基本职能,为促进我国真正实现科学民主决策提供了科学的帮助。因此,发展高校智库对于提高国家治理能力、繁荣发展社会经济、实现治理能力现代化十分必要。但是,我国现有高校智库数量及高校智库体系都远远不及发达国家,也不适应我国现代化社会和知识经济发展的要求,因此,加快建设高校智库对我国经济建设发展和科技进步意义重大。

党的十八届三中全会通过的《中共中央关于全面深化改革若干重大问题的决定》阐明了智库对于公共决策的重要性,明确指出要加强中国特色新型智库建设。中共中央总书记习近平指示:"要建设中国特色智库,适度超前,服务决策。"自此,我国高校智库的发展才开始迅速发展。随后在 2015 年,中共中央办公厅、国务院办公厅联合发布《关于加强中国特色新型智库建设的意见》,提出到 2020 年,要"重点建设一批具有较大影响力和国际知名度的高端智库"。我国的智库体系有四大部分:官方智库、半官方智库、民间智库、大学附属型智库。其中,中国特色新型高校智库建设的意义重大。因为大学具有其独特的优势,包括人才输出、科研、服务地方和文化传承创新等固有职能。并且高校智库在公共决策中发挥着不可替代的作用,因为大学是创新的发源地,源源不断的高素质人才为创新队伍注入新生力量,新生力量带来的新思想、新政策往往都具有独创性,能为公共政策提供灵感、方向和方法。

二　学者观点

"智库"是指由多学科的专家组成，为决策者处理社会、经济、科技、军事、外交等方面的问题出谋划策，提供最佳理论、政策、方法、思想等的公共研究机构[1]。随着社会发展的复杂性不断深入，智库的功能更加突出。20 世纪 90 年代以后，西方国家对智库的研究才开始深入和全面。其对智库的研究大致有两个方面：从智库的政治影响上看，Diane Stone（2004）从欧美地区智库出发，考察了欧美和加拿大等国智库的历史作用和当代意义，总结了十余个国家的智库对其政府制定政策的影响[2]；从对智库进行比较分类上看，德国学者 Josef Branml（2006）以政治派别和意识形态为标准，将智库进行分类，包括学术型智库、合同型智库、倡导型智库以及党派智库[3]。随着中国改革开放和综合国力的增长以及全球化进程的加快，使得中国政府开始关注智库的发展。党的十八大报告提出"坚持科学决策、民主决策、依法决策，健全决策机制和程序，充分发挥思想库作用。"李大经（2012）更强调了智库是现代决策体制的产物，在政策咨询中发挥着重要作用[4]。随着国家不断对政府决策提出新的要求，使得高校智库的优势以及重要性更为突出。杨静等（2015）提出高校新型智库是中国智库的重要组成和补充，具有系统性、稳定性、完整性、多样性和灵活性等特点[5]。闫雅娟等（2016）强调了高校智库的价值，认为

---

[1] 陶文钊：《美国思想库与冷战后美国对华政策》，中国社会科学出版社 2014 年版。
[2] D. Stone, A. Denham, *Think Tank Traditions: Policy Analysis across Nations*, Manchester University Press, 2004.
[3] Branml J., U. S. and German, "Think Tanks in Comparative Perspective", *German Policy Studies*, Vol. 3, No. 2, 2006.
[4] 李大经：《中国思想库：现状及发展研究》，硕士学位论文，南京农业大学，2012 年。
[5] 杨静、陈赟畅：《协同创新理念下高校新型智库建设研究》，《科技进步与对策》2015 年第 7 期。

高校不仅有培养人才、传播知识、服务社会、文化传承的基本作用，也有载体的作用，也为我国政府提供了科学化、民主化的理论支持[①]。高校智库优势明显，但由于高校智库刚刚兴起，还存在着很多问题。朱宏亮等（2016）认为，分析质量不高、分布不均匀、成果少、影响力不足、运行机制呆板、依附性强等是目前高校智库建设存在的主要问题[②]。高校又是区域哲学社会科学的主力军，所以高校智库应该走在政策建议、舆论引领的前列[③]。但现阶段区域高校智库也有诸如规模小、成果少、影响力弱等问题。

本章在分析湖北省高校智库现状的基础上，分析了其研究的意义与存在问题，构建了基于 AHP-DEMATEL 的模糊评价指标，得出了区域高校智库影响力评级模型，提出了加强与政府决策层的沟通交流、引入市场竞争机制，强化域外资源整合能力、创新人才培养模式和评价制度以及多渠道表达学术观点的具体优化的创新策略，对于加快区域高校智库建设及发展具有重要意义。

第二节　高校智库的社会价值

一　高校智库发展的价值与意义

区域丰富的高校资源使得智库建设基础较好。如武汉大学的发展研究院、中国中部发展研究院、中国边界与海洋研究院、社会保障研究中心，华中科技大学的现代经济研究中心、国家治理研究院，三峡大学的三峡文化与经济社会发展研究中心，中国地质大学的资源与环

---

① 闫雅娟、白才进：《中国高校智库发展现状及对策》，《晋图学刊》2016 年第 3 期。
② 朱宏亮、蒋艳：《中国高校智库发展现状与未来策略思考》，《高校教育管理》2016 年第 2 期。
③ 汤红娟：《湖北高校智库发展现状分析》，《学校党建与思想教育》2016 年第 20 期。

境经济研究中心，湖北大学的旅游开发与管理研究中心，武汉科技大学的金融证券研究所、湖北省中小企业研究中心，华中师范大学的中国农村研究院共12家高校智库上榜国家高校智库150强[①]。

高校作为我国社会科学优秀成果和优秀人才的聚集地，具有成为决策者思想库得天独厚的优势。高校智库学者要以服务决策为导向，以提升能力为重点，以改革创新为动力，在建成中国特色社会主义新型智库、实现区域全面科学发展的过程中有着举足轻重的作用和义不容辞的责任。如图4-1所示。

图4-1　区域高校智库发展价值与意义

二　服务政府决策

"坚持科学决策、民主决策、依法决策，健全决策机制和程序"，对区域政府，决策提出了新的要求，即摒弃传统的领导干部"拍脑门"决策行为，使政府决策朝着科学、民主、制度化方向发展。为加强执政能力，专业化的高校智库必将成为政府执政的有效支撑。及时有效的战略思想，具有指导性、战略性、针对性的政策建议是区域在国内外各种思想交锋时争夺"话语权"的有力支撑。促进决策的科学化、民主化，必须充分利用区域丰富的高校资源，深入参与发展规划

---

① 上海社会科学院智库研究中心：《2015年中国智库报告》，2016年。

的制定，将研究成果高效地化作社会生产力，将高校智库打造成区域发展规划的设计者，更好地服务政府决策。

三　提升软实力

大学智库在提高政府执政团队的执政能力、政治公信力、国际影响力方面有着得天独厚的优势。例如湖北省省会武汉市就是中国高等教育资源最集中的五大城市之一，科教综合实力居全国大城市第三位，拥有包括武汉大学、华中科技大学、中国地质大学、武汉理工大学、华中师范大学、华中农业大学、中南财经政法大学7所国家重点大学。发挥丰富的人文社科知识和人才资源优势，通过在国内外建立起稳定的学术影响力来凝聚社会公信力并传播政治一致、自由民主平等的现代化价值观念，通过专业人才帮助政府建立起使民众信服的科学、合理、有效的决策，来提升政府执政合法性和执政公信力，为区域在面对国内外政治思想和文化等侵蚀时能够独善其身并积极传播自身主流意识形态，从而打造社会稳定、公信力高、民众支持的区域政府班子。

第三节　发展中存在的问题

政策研究是高校智库研究工作的一部分，能影响政府决策，进而引领社会思潮。区域高校虽有丰富的人文社科知识和人才资源优势，但除了官方智库对政府决策有很强的影响力外，其他智库包括高校智库能够全面参与公共决策的机会屈指可数。中国智库的行政色彩浓厚，而高校智库和民间智库的资金、信息来源相当有限，并且由于官方智库一家独大，导致智库在整体上独立性较差，创新能力弱，专业性、影响力以及社会化能力都非常欠缺，这些因素制约着区域智库作为政府决策的设计者作用的有效发挥。本节分别从智库内部、政府以及公众三个视角就区域高校智库存在的 4 个问题进行详尽分析。如图 4-2 所示。

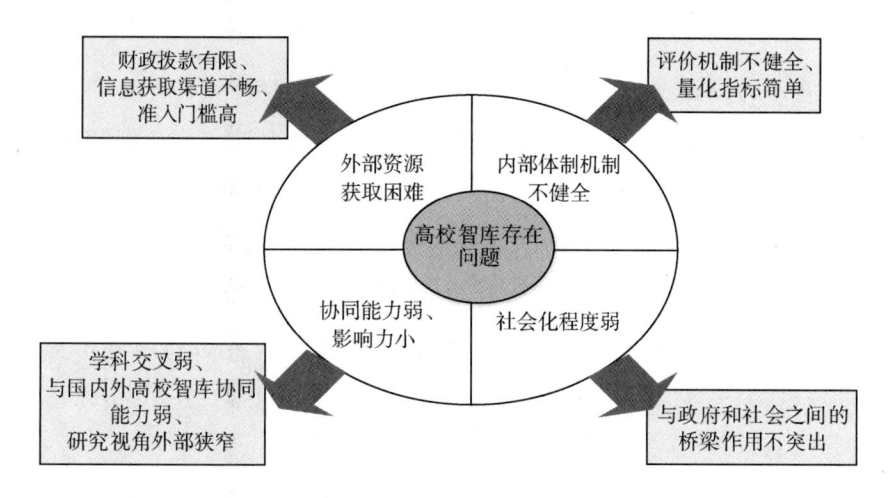

图 4-2 区域高校智库存在的问题

一 外部资源获取困难

区域官方智库一家独大,高校智库又先天缺乏向政府进行决策咨询的机会,与政府的合作大都处于项目委托或建言献策的浅层阶段,能够参与到决策制定的高校智库人员更是屈指可数,表现为决策采纳量微乎其微。政府、企业、群众对高校智库了解甚少,财政拨款以及社会资金(如企业、社会基金组织、个人捐赠、高校基金会的校友捐赠等等)有限,获得政策信息和数据信息渠道不畅,无法准确及时地掌握政府政策意图,不能做出科学有效的决策咨询,导致决策采纳量低,又进一步恶化了其发展环境。并且,政府没有建立一套适应本省高校智库发展特点的优惠政策,其准入门槛有很多制约,有严格的登记制度,部分的智库建设资金还要缴纳相关税费,这些问题都严重限制了高校智库的发展。

二 内部体制机制不健全

智库的研究成果不同于具体的产品，唯有科学严密的评价和监控机制，才能确保科研成果的数量、质量和科研人员积极性。就评价指标来看，目前区域高校智库仍简单地依据科研项目、等级、经费、科研成果的发表档次或经济收益等作为量化的指标。而随着高校智库研究复杂和多样，包括基础研究、应用研究，也包括政策研判和行政考量，再加上一些综合性、复杂性的大型决策咨询问题频繁出现，决策环境越来越复杂，使得现行的量化指标已经无法与之相适应。再加上简单不严谨的量化指标，更容易产生学术抄袭甚至学术腐败等不公正现象，也会严重打击研究人员的积极性，不利于智库团队建设。

三 协同能力弱、影响力小

在全球化的今天，社会、经济、行业、企业等领域之间的协同合作更为密切，这就对高校智库有了更高的要求。首先，区域高校智库仍遵循传统的独立研究模式，带来了以自我部门利益为导向、信息渠道不畅等问题，学科间、高校间、政府—高校—企业间，甚至是国际壁垒仍未被打破，跨学科研究团队力量薄弱，无法发挥各学科合作的优势，以至于研究视角外部狭窄、研究成果单一、没有创新性。其次，缺乏与国内外知名智库的对等交流，在国内外具有权威性的主流媒体上很少有地域高校智库的声音。在影响研究能力、学术水平以及影响中央政府决策和世界热点问题的能力上还不能满足对外经济、政策的需要。

四 社会化程度较弱

区域智库发展格局的特点是政府性强、社会化弱。而高校智库是独立于政府的第三方研究机构，是连接政府与公众沟通的桥梁，可以将与公众切身利益相关的公共利益与政府部门决策制定相联系，成为服务于社会公共利益的代表，从而提高决策的民主化。在中国步入新常态、经济增速放缓、经济结构需要转型的时期，政府决策的制定与社会各个阶层、团体以及个人利益之间存在着各种矛盾，在面对自然环境恶化、城乡发展不平衡、贫富差距加大等社会问题时，区域高校智库在政府与民众之间的桥梁关系中、学术与决策之间的对接上、官方智库与社会智库的顺承上还有一段路要走。区域智库能有效地将社会公共利益的诉求传递到政府部门，把握政府宏观调控方向以及调和官方智库与社会智库之间的关系。聚合政府、社会、企事业单位中优秀的专家学者以及各类资源，将学术研究与公共政策结合起来，搭建囊括各学科、领域的综合研究平台，以提出具有前瞻性、科学性的政策建议，是各区域高校智库应该努力的方向。

第四节　高校智库影响力评价

本节由以上从区域高校智库内部、政府、公众三个视角对存在问题进行了具体的分析得到启发，并参照某区域高校学者的意见归纳出由决策咨询影响力、学术影响力、公众影响力三个方面作为一级指标并在此基础上细分出政府委托研究项目数量、决策采纳量、参与决策制定的高校智库人员、研究经费、专家保有量、与国内外高校智库交流频率、智库知名度、主流媒体引用量、智库在网站的搜索流量、移动公众平台关注度 10 个本域化指标，在 MATLAB 编程工具上运用

AHP-DEMATEL法构建了模糊评估模型,得到具体量化数据,建立区域高校智库影响力评估指标。进而对造成区域高校智库影响力较弱的成因进行分析(如表4-1所示)。

表4-1   区域高校智库影响力评价指标层次

目标层	一级指标	二级指标
区域高校智库影响力评价指标	决策咨询影响力(A_1)	政府委托研究项目数量(B_1)
		决策采纳量(B_2)
		参与决策制定的高校智库人员(B_3)
	学术影响力(A_2)	研究经费(B_4)
		专家保有量(B_5)
		与国内外高校智库交流频率(B_6)
		智库知名度(B_7)
	公众影响力(A_3)	主流媒体引用量(B_8)
		智库在网站的搜索量(B_9)
		移动公众平台关注度(B_{10})

一 确定评价指标的隶属函数与隶属度

模糊评价函数的建立是基于模糊数学应用模糊关系合成的原理,将不易定量的关系进行定量化,从多层次多方面对要评价对象的等级状况进行评价的一种方法。

根据表4-1建立包括一级指标与二级指标两层,共10个指标的因素集。并将因素集按照其属性细分为 m 个子评价集可得到 U_i = $\{U_{im}\}$,其中 i=1, m=3; i=2, m=4; i=3, m=3。

根据以上10个指标对其影响力建立评价集 V = {很小,较小,适当,较大,很大} = {1, 3, 5, 7, 9}。

确定一级模糊评判矩阵 R = (r_{ij}) i×9,其中 r_{ij} 表示因素 U_i 对评

价 V_j 的隶属度计算公式如下

$$r_{ij} = n_{ij} / \sum_{j=1}^{9} n_{ij}$$

其中 n_{ij} 表示因素 U_i 对评语 V_j 的概率统计总数。二级模糊综合评价根据一级模糊综合评价结果构建模糊关系矩阵。

二 利用 AHP-DEMATEL 确定指标权重

本书根据指标集应用层次分析法构建了判断矩阵 $X = (x_{ij}) n \times n$（X 是正交矩阵），由于该方法较成熟，所以省略了具体说明。采用传统 9 级标度法，对 x_{ij} 进行赋值，其中各元素 x_{ij} 是指 i 元素比 j 元素重要的等级（如表 4-2 所示）。

表 4-2　　　　　　　　　相对重要性的比例标度

指标1比指标2	极重要	很重要	重要	略重要	同等	略次要	次要	很次要	极次要
指标1的评价值	9	7	5	3	1	1/3	1/5	1/7	1/9

判断矩阵的一致性指标 $CI = (\lambda_{max} - n) / (n-1)$ 和一致性比率 $CR = CI/RI$ 进行了一致性检验得到的结果（如表 4-3 所示）。

表 4-3　　　　　　　　　平均随机一致性指标 RI 值

n	1	2	3	4	5	6	7	8	9	10
RI	0	0	0.52	0.89	1.12	1.26	1.36	1.41	1.46	1.49

经过多次验证最终得到通过一致性检验的区域高校智库影响力评价指标初始权重与一致性检验结果，如表 4-4 所示。

表 4-4　　　　　区域高校智库影响力评价指标初始权重

一级指标	权重	二级指标	权重	一致性检验
A_1	0.21	b1	0.16	$\Lambda_{max} = 3.01$
		b2	0.54	CI = 0.005
		b3	0.30	CR = 0.009 < 0.1
A_2	0.55	b4	0.46	$\Lambda_{max} = 4.10$
		b5	0.32	CI = 0.003
		b6	0.15	CR = 0.004 < 0.1
		b7	0.07	
A_3	0.24	b8	0.56	$\Lambda_{max} = 3.01$
		b9	0.32	CI = 0.009
		b10	0.12	CR = 0.017 < 0.1

运用DEMATEL的原理和方法，对初始权重进行修正，得到影响权重；对初始权重与影响权重进行构建。如表4-5所示。具体步骤如下：

第一步，根据指标之间的相互影响评分建立直接影响矩阵Q。直接影响矩阵 $Q = (Q_{ij})_{n \times n}$。

第二步，对矩阵Q规范化后得到矩阵Y，公式如下

$$Y = (y_{ij})_{n \times n} = A / \max \sum_{j=1}^{n} A_{ij} \qquad (4-1)$$

第三步，计算综合权重，公式如下

$$T = Y + Y^2 + \cdots + Y^n$$
$$T = (t_{ij})_{n * n} \qquad (4-2)$$

第四步，得到影响权重 W^2，公式如下

$$W^2 = \frac{\sum_{i=1}^{n} t_{ij} w^1}{\sum_{i=1}^{n} \sum_{j=1}^{n} t_{ij} w^1} \qquad (4-3)$$

第五步，得到综合权重（如表4-5所示），公式如下

$$W_i = w_i^1 w_i^2 / \sum_{i=1}^{n} w_i^1 w_i^2 \qquad (4-4)$$

表 4-5　　　　　　　　区域高校智库各项指标权重

指标层	初始权重 W^1	影响权重 W^2	综合权重 W_i
政府委托研究项目数量（b_1）	0.16	0.58	0.35
决策采纳量（b_2）	0.54	0.21	0.42
参与决策制定的高校智库人员（b_3）	0.30	0.21	0.23
研究经费（b_4）	0.46	0.08	0.15
专家保有量（b_5）	0.32	0.57	0.71
与国内外高校智库交流频率（b_6）	0.15	0.16	0.09
智库知名度（b_7）	0.07	0.19	0.05
主流媒体引用量（b_8）	0.56	0.20	0.39
智库在网站的搜索量（b_9）	0.32	0.40	0.44
移动公众平台关注度（b_{10}）	0.12	0.40	0.17

三　利用模糊计算进行评价

利用模糊计算分别进行单因素评价和多因素综合评价。单因素评价模型 $B_i = W_i \times R_i$。多因素综合模型为由 B_i 构成的更高一级的矩阵 R，从而得到综合评价矩阵 $B = W \times (B_1, B_2, B_3)^T$，最后计算得到综合评价 $C = B \times V^T$。

根据上述建立的基于 AHP-DEMATEL 的模糊评价模型，对高校知名学者进行了采访、并运用问卷调查形式，共发放30份问卷，有效问卷23份。将评级结果代入隶属函数，计算得到模糊评价矩阵：

$$R_1 = \begin{pmatrix} 0 & 0.4 & 0.4 & 0.2 & 0 \\ 0 & 0.3 & 0.5 & 0.2 & 0 \\ 0 & 0.5 & 0.4 & 0.1 & 0 \end{pmatrix}$$

$$R_2 = \begin{pmatrix} 0 & 0.4 & 0.5 & 0.1 & 0 \\ 0 & 0.1 & 0.4 & 0.5 & 0 \\ 0 & 0.5 & 0.4 & 0.1 & 0 \\ 0 & 0.6 & 0.3 & 0.1 & 0 \end{pmatrix}$$

$$R_3 = \begin{pmatrix} 0 & 0.2 & 0.6 & 0.3 & 0 \\ 0 & 0.2 & 0.7 & 0.1 & 0 \\ 0 & 0.5 & 0.4 & 0.1 & 0 \end{pmatrix}$$

（一）单因素评价

按照 $B_i = W_i \times R_i$ 得到决策咨询影响力评价为：

$$B_1 = W_1 \times R_1 = (0 \quad 0.38 \quad 0.44 \quad 0.18 \quad 0)$$

$$C_1 = B_1 \times V^T = 4.6$$

学术影响力评价为：

$$B_2 = W_2 \times R_2 = (0 \quad 0.21 \quad 0.41 \quad 0.38 \quad 0)$$

$$C_2 = B_2 \times V^T = 3.34$$

公众影响力评价为：

$$B_3 = W_3 \times R_3 = (0 \quad 0.25 \quad 0.61 \quad 0.14 \quad 0)$$

$$C_3 = B_3 \times V^T = 4.78$$

（二）按照以上结果建立多因素综合模型

$$R = \begin{pmatrix} B_1 \\ B_2 \\ B_3 \end{pmatrix} = \begin{pmatrix} 0 & 0.38 & 0.44 & 0.18 & 0 \\ 0 & 0.21 & 0.41 & 0.38 & 0 \\ 0 & 0.25 & 0.61 & 0.14 & 0 \end{pmatrix}$$

得到评价结果 B：

$$B = W \times (B_1 \quad B_2 \quad B_3 \quad B_4 \quad B_5) = (0 \quad 0.26 \quad 0.46 \quad 0.28 \quad 0)$$

$$C = B \times V^T = 5.04$$

（三）结果分析

根据建立区域高校智库影响力评估模糊模型得到的评价结果显示，

综合评价值为 5.04，印证了第三节中关于区域具有高校数量多、人才密集、学科覆盖面广，利于各学科协作、拥有各类国家级科技基地、平台等优势，但科研经费不足、与政府沟通互动少、体制机制不健全等一系列的问题，也突出了其粗放式的发展现状。

在三项一级指标的评价结果中，决策咨询影响力值为 4.6，高校智库在外部生存环境上，没有充足的财政拨款支持、信息获取渠道不畅以及准入门槛高，再加上与政府之间的合作较少，参与到决策制定的高校智库人员以及政府委托高校智库研究的项目过少，使得其决策影响力有限。学术影响力值为 3.34，可见其对高校智库影响力提高的作用还不尽如人意。从内部来看，其体制机制建设不健全、量化指标过于简单，都严重打击科研学者的积极性，阻碍科研团队的建设。再加上与国内外知名智库之间的协同能力弱，都导致其学术影响力过低。公众影响力值为 4.78，从其社会化程度来看，没有完全发挥桥梁作用，无法第一时间掌握最新社会动态，以至于无法做出科学合理的决策建议，再加上宣传力度不足，都是导致其公众影响力过低的原因。

第五节 智库建设创新策略

区域高校智库劣势在于没有将高校资源充分社会化并将其最大限度地转化为社会生产力。为转变这一颓势，必须切实加强其高校智库影响力，全面提升高校智库战略地位。本章就决策咨询影响力、学术影响力、公众影响力三个方面阐述如何提高高校智库影响力。

一 加强与政府决策层的沟通交流

一方面，积极邀请更多政府官员走进校园，与高校智库学者进行交流。学习美国高校智库定期举办研讨会以及"旋转门"机制,邀请政府官员等政界名流到校做报告,进行学术交流,返聘退休政府官员、社会及企业中具有影响力的人才到高校智库中工作。另一方面,积极培养优秀人才,鼓励其走进政府职能部门甚至决策部门,充分发挥高校智库优势,为政府提供科学、严谨的决策咨询。具有理论研究基础、不同学科背景和研究领域优势的学者进入政府,会进一步优化政府决策。并且学者进入政府部门从事公共服务后再返回学校,将现实的社会问题与理论知识相结合,进一步找到科学的解决方法,能够升华现存的理论内容。

二 引入市场竞争机制,强化域外资源整合能力

引入市场化的竞争机制、重整智库资源是保障智库建设运营、资金来源、信息通畅、吸引人才的根本。在现实基础上,需要改变政府指派研究项目给官方智库的形式,放宽项目公开招标和高校智库准入条件。高校智库可以充分发挥其基础研究的优势,主动承担政府基础性、学术性的研究课题。创新信息公开化机制,逐步改变官方智库独揽信息的现象,拓宽高校智库获取一手资料的途径。并通过政府、高校和社会合作,建立智库资源优化整合机制,按照智库成果转化效率对社会资源进行分配,形成一个"按能分配"的市场竞争机制。建立由政府、社会、高校共生的"三点一面"区域高校智库协调发展平台,形成由多类型、多层次智库参与的智库市场。形成完善、公平的智库人才流动的市场竞争机制,实现高校智库之间的人员交流,并加强对全国智库人才的引入。(见图4-3)

充分利用高校平台,不断吸引国际上专业人才,加强与国际智库的交流合作,加强对知名高校智库资源的智力引入,实现对域外资源的高度整合,从而提高智库研究成果的质量,提高本省高校智库的学

```
┌──────────────┐      ┌──────────────┐      ┌──────────────┐
│ 政府财政支持 │      │ 高校政策激励 │      │ 社会各方援助 │
└──────┬───────┘      └──────┬───────┘      └──────┬───────┘
       │                     │                     │
       ▼                     │                     ▼
┌──────────────┐             │             ┌──────────────┐
│ 人才资源丰富 │             │             │   按能分配   │
└──────────────┘             │             └──────────────┘
                             ▼
            ┌──────────────────────────────────┐
            │ 市场竞争机制的高校智库协调发展平台 │
            └──────────────────────────────────┘
```

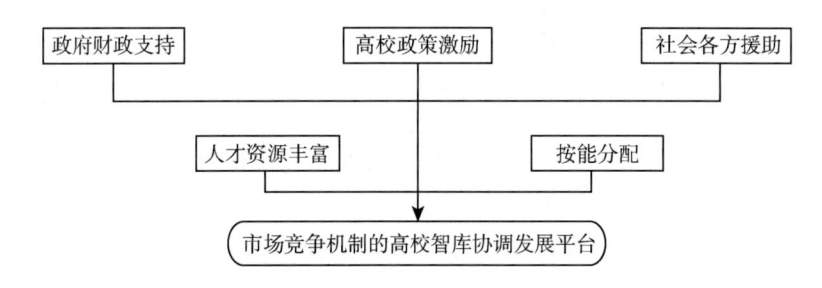

图 4-3 市场竞争机制的高校智库协调发展平台

术影响力。建立与知名国际智库的交流圈，积极邀请世界各地的学者来本省高校进修、交流进而拓宽高校智库研究领域和研究深度。与国际知名智库开展多方位的学术对话，委派本省高校智库优秀学者到其他智库走访学习。

三 创新人才培养模式和评价制度

要培养人才研究梯队，培育多层次、多种类的研究团队，对高校本科生、研究生建立科学全面的培养方案，完善教案体系、撰写最新的教研书籍等。在"教、科、研"三个部门中建立有效的桥梁，设立更多的针对智库研究的奖励政策。改革传统"职称晋升标准"即根据科研项目的多少和科研成果的发表档次等作为评价量化指标。要根据高校智库实际创新评价机制。即评价主体多元化：建立一套由政府部门、高校、智库共同参评的量化指标体系；评价对象特殊化：高校智库学习专业智库先进经验，向政府决策机构进行成果汇报，以领导批示作为一项重要指标。

四 多渠道表达学术观点

一方面，传播方式的改变为学术思想的传播创造了条件。发表论文、做报告和讲课这些传统方式传播思想所达到的效果有限。随着网络、移动公众平台、媒体以及电视的普及，高校智库学者可以通过电视、网络甚至移动公众号发表评论，召开新闻发布会，参加学术研讨会等新方式来公布自己最新的研究成果，传播最新学术观点。

另一方面，随着高校进一步扩招和高等教育的普及，学术思想受众也在进一步扩大。为得到普通大众的进一步认可，使学术思想进一步传播，应摒弃对专业性极强、晦涩难懂的学术理论的引用，尝试通过生动有趣的诠释方式使学术思想变得通俗易懂，更易于大众理解。利用各种互联网平台，让大众参与到学术思想的讨论中去，拉近学者与普通受众的距离，提升其学术影响力。

本章小结

高校智库作为中国特色新型智库及产业技术研究院发展的重要组成部分，要充分发挥高校智库学科交叉、人才密集的规模优势和资源共享联合协作的机制优势，完善智库体制机制建设，实现成果的数量和质量提升，扩大高校智库的影响力。本章对区域高校智库的优势、劣势、机会、威胁进行了客观分析，确立了区域高校智库影响力评估指标体系，构建了科学的评估模型，并从智库市场、评价、资源、组织合作等方面提出了创新策略建议。区域高校智库系统的研究是一个较为复杂的研究课题，本章也只是从智库产出评价角度对其加以研究，希望在将来能更加系统、全面地对高校智库的研究提出建设性的意见。

第五章　高校科技专家参与基层科技成果转化

第一节　绪论

一　背景

高校是国家创新体系的重要力量，高校科技专家团队更是高校科技创新的核心力量，不仅在于科技研发过程，对基层科技成果的转化也起着至关重要的作用。高校科技专家是产业技术研究院从更高层面统筹科技管理、资源优化配置、产业整体规划的重要智力支持，是先进科技成果与基层产业实现对接的桥梁。高校专家参与基层成果转化能解决从科技研发、成果对接到成果应用整个过程的技术难题，大大减少了科研浪费，使得科技成果能够迅速应用到基层产业中，提高了生产效率。

现阶段，由于高校与政府、企业以及校外组织之间对接不利，导致大多数科技成果被束之高阁，没有转化为现实生产力。我国高校科技成果转化率不足20%，而发达国家却高达80%，这已是不争的事实。2018年，我国高校取得的科技成果数量在8000项以上，能够实现转化的却还不到10%。高校科技成果转化率不高已成为我国转化工作中亟待解决的主要问题之一。高校科技成果转化是一项复杂、系统的工程，涉及政策制定、法律及经济等方面，更需要政府背后的支持。

高校最重要的任务就是提高校科技成果转化率。科技成果转化是为提高生产力水平而对科学研究与技术开发所产生的具有实用价值的科技成果进行的后续试验、开发、应用、推广直至形成新产品、新工艺、新材料，发展新产业等活动。提高科技成果转化效率能保障国家科技创新和技术进步，保障经济发展向高质量转变。高校科技成果转化领域是我国的弱项，一旦被开发就会对我国社会和经济的发展产生巨大的推动力。因此，思考如何将高校科技成果高效地转化为现实的生产力，是决策者所面临的重大课题。高等院校有教学、科研和社会服务三大职能。而反映一所高校创新能力以及科研成果的重要标志在于其科研立项数量、科研经费到位率。同时，高校的研究人员也是依靠科研能力作为其教师考核、职称考核的重要标准。高校尤其是综合性大学其专业种类繁多，高校科研团队所承接的项目也分布在各个专业、各个学科之中，因此，其科研成果往往也有多种不同的表现形式，在探讨高校科技成果转化时应该注意这一点，并分别对各种科研成果进行深入的研究。

二 政府作用

近年来，在高校科技成果转化的进程中，政府发挥着日益重要的作用，从多个方面采取措施加大对促进高校科技成果转化的支持。首先，政府要积极完善政策法规体系。早在1996年，我国政府先后制定颁布了《中华人民共和国促进科技成果转化法》《中华人民共和国科学技术进步法》《国家科技计划项目评估评审行为准则与督查办法》《国家科学技术奖励条例实施细则》等一系列法律法规，为高校科技成果转化提供了良好的环境支撑。并在政策、制度以及行业规范上下工夫，规范和引导科技成果转化工作，加大了对高校科研成果转化的环境支持力度，政府一直强调高校科研成果转化的重要性。其次，为促进高校科研成果转化，政府机构加大对科技工作的资金投入，相应的税收优惠政策也得到了进一步的完善，并提供资金支持。其中，《关于促进科技成果转化的若干规定》中的税收优惠政策就是强有力的保障机制。并对高校以及科研机构一系列的技术活动亮绿灯，包括在技术转让过程中减免营业税，对技术成果转让、技术培训、技术咨询、技术承包所取得的技术性服务收入暂免征收所得税等等。再次，政府极力推动中介服务的建设，建立网络平台促进高校与企业、社会之间的科技信息交流、成果需求交流。如中国高校科技成果转化网、中国科技信息网、中国高校科技网。同时，高校科技工作会议以及各种国际、国内科技会议在政府大力支持下召开，政府作为高校与企业的桥梁，促进两个主体的深入交流，促进高校科研成果更加快速地产业化。最后，国家级、省级大学科技园区在政府的积极推动下建成；政府鼓励和扶持高等院校创办大中小创新企业，积极支持大学生创业，为实现高校科技成果快速及时的转化提供了载体条件，加速了高校科技成果的转化。此外，我国政府也非常重视科技人才的培养，为我国科技创新不断注入新生力量。

三 高校科技成果转化现状

我国政府在促进相关成果转化方面不断进步的同时，注意到了高校科技成果转化率一直处于较低水平。高校的科技成果并没有得到有效的转化，这不仅是对高校科研资源的一大浪费，更限制了我国科学技术的进步，最终会影响到我国社会经济的发展。而高校科技成果转化率低的主要原因有以下四点：

第一，高校科研观念不正确，与科研的最初目的有偏差。高校教师最主要的科研的目的是晋升职称、完成科研任务，放大自己的利益诉求，从而忽视了科技成果的转化，忽视了科研成果与市场的对接。高校科研的最后一个步骤是"成果鉴定"，在成果鉴定结束后该科研项目就会结题，被束之高阁。而科研成果转化不在科研人员的责任范围内，科研人员也并没有能力促进科研成果的转化。除非有学校或者企业主动联系科研人员，科研成果才有可能被科研人员重视。这样的结果致使大量的科技成果在高校被埋没，没有发挥出其应有的效力。

第二，高校科技成果与实际社会发展脱节，其主要表现在于产学研脱节。高校教师忙于平时的课业和科研，实地调研根本无法实现，理论性探索比较多，而实践性研究比较少，因此其科研成果一般都会脱离实际，理想化的科研成果就会与社会现状存在较大的差距，最终导致科研成果无法成功转化，这也造成了很大的科研资源浪费。同时，高校科研成果原创性较少，都是在现有理论的基础上进行再次创新和模仿，对于企业而言，这些成果的利用价值不高，企业完全可以通过技术引进、技术改造等方式解决，所以没有很大的动力促成高校与企业之间的产学研合作。

第三，信息不对称。企业与高校之间没有一个通畅的沟通交流的桥梁和平台，导致高校最新的科研成果并不符合企业急需的技术支持，因此，其成果也得不到企业资金的投入。另外，高校的科研活动也并不会完全面向企业，在科研数据保密、科研条件封闭的环境中，双方的信息不对称。最终，企业与高校各干各的事情，没有完好的对接，造成科研成果的转化一直没有较好的结果。

第四，风险机制体制不健全。高校科技成果转化存在风险，在科技成果转化中有一个过渡期，即中试阶段。中试阶段是取得第一手资料的重要环节，是进行大规模生产的前提。但中试阶段也会产生很大一部分资源和经费的输入，对于国家的战略性项目，政府部门会投建中试基地，企业也会对 R & D 的中心研发建设中试基地；但现阶段很少有高校具有建设中试基地的资金与条件,高校只是将科技成果转让出去,对中试不承担责任,同时企业也不会承担中试的责任。因此,中试阶段在企业与高校之间出现了严重脱责,这就致使高校科技成果转化难以为继。

在创新驱动发展的战略背景下,科技主体主要集中在大城市,要实现创新型国家,必须要着重产业技术研究院的创新发展,其覆盖范围必须实现从城市到城镇、乡村的全面辐射,科技成果在基层生根也蕴含着巨大的发展潜力。然而,科技成果作为科技专家智力的结晶只是一种潜在的生产力,只有将其转化为现实的生产力才能发挥其真正的价值。作为国家科技创新成果的重要载体,高校在科研活动和项目中产生了大量的科技成果,并通过技术转让、技术合作等形式,推动科技新成果进入应用性试验,促使科技成果产业化,最终实现其商业价值和社会价值。创新科技成果的研发和推动其转化为基层现实生产力,是高校的重要社会责任,自 2015 年 11 月 21 日开展"百家院校科技成果走基层"活动以来,科技基层服务受到地方政府和企业的热烈欢迎及广大科研院所与高校的积极响应,在唐山站、赣州站、安阳站等活动中取得可观成果,共达成科技成果转化签约 70 余项。"走基层"行动共征集科研院所、高校等 200 余家机构科研成果近万项,各地企业技术需求 1000 多项,包含科学家、工程师在内的高校科技专家参与基层科技成果转化对社会的影响逐渐深入,并已经取得良好的综合效益。但是,高校科技成果转化还存在着转化效率低、成员参与积极性不高等问题。2014 年,我国高校的发明专利授权量达到全国总量的 16.92%,但是,这些科技成果的基层产业化利用率只有 20% 左右,与欧美发达国家相比还存在较大差距[①]。项目实施中呈现出的高校科

---

① 王敬华、钟春艳:《加快农业科技成果转化 促进农业发展方式转变》,《农业现代化研究》2012 年第 2 期。

技专家参与基层科技成果转化效率低下的主要原因可以归结为：第一，基层技术人员科技水平低下；第二，科技成果服务错位；第三，成果转化进程中合作各方职能定位不清；第四，利益分配机制不完善或缺失[1]。因此，如何引导高校科技专家为代表的各主体长效参与基层科技成果转化，破解科技创新成果向基层现实生产力转化效率低下的难题，实现科技成果转化供给侧与需求侧精准对接，突破科技成果转化的"最后一道墙"，成为社会关注的焦点。

四 学者观点

目前，国内外关于基层科技成果转化的研究主要集中在对农业科技成果转化的研究，已经有一部分学者对农业科技成果转化与推广存在的问题以及改进策略进行了探讨，取得了丰富的研究成果。在问题研究方面，旷宗仁等[2]通过对农业科技推广过程与机制的分析发现，相关资源分配不合理、目标瞄准严重偏离是阻碍农业科技成果转化与推广的重要障碍因素；蒋荣能[3]则认为农业科技服务体系存在的主要问题在于农业科技成果转化机构不完善、经费得不到保障、高素质农业技术人员缺乏、基础设施落后等。从对策建议来看，唐旻翔[4]在分析美国、日本的农业科技成果转化特征的基础上，提出了基于法律法规、法律保护力度、法律调控等的对策建议；谭华等[5]认为在产业结

---

[1] 谷德斌、尹航、杨贵彬：《高校科技成果转化驱动模式研究》，《科技进步与对策》2012年第13期。
[2] 旷宗仁、梁植睿、左停：《我国农业科技推广服务过程与机制分析》，《科技进步与对策》2011年第11期。
[3] 蒋荣能：《浅谈基层农技推广体系建设的现状与思考》，《农业开发与装备》2016年第3期。
[4] 唐旻翔：《我国农业科技成果转化中的问题与法律对策研究》，硕士学位论文，湖南农业大学，2014年。
[5] 谭华、刘学文：《新形势下我国农业科技成果转化政策建议》，《湖南农业科学》2009年第9期。

构调整、城乡一体化的新形势下，开展宏观策略研究、强化政府公共服务能力、加大财政投入等是加快我国农业科技成果转化的有效途径。在研究方法上，刘兴斌等[①]通过简化农业科技成果转化的主体，构建了基于技术推广部门、政府以及农户的三主体动态博弈模型，分析了主体之间的利益分配关系；陈亭[②]从福建省农业科技成果转化现状出发，构建了基于政府、企业、高校互动关系的三螺旋模型，并总结出福建省农业科技成果转化存在的主要问题。以上的研究对象都只是针对农业的科技成果转化，忽视了基层农业和企业的相互影响，更没有考虑高校科技专家在基层科技成果转化进程中的重要作用。

基层科技成果转化的效率与各参与主体的合作模式以及利益分配方式密切相关，其转化过程就是一个合作博弈的过程。高校科技专家及其科研成果与基层联系较为紧密，作为研究对象更加具有代表性。因此，本章试图从高校科技专家参与的基层科技成果转化入手，构建基层科技成果转化各主体的合作博弈模型，明确各主体在合作进程中所扮演的角色以及各方的利益追求，构建公平合理的收益分配模型，进而提出相应的创新策略建议，对于加快基层科技成果转化，提升基层生产力，最终提高全社会的生产力具有重要的现实意义。

第二节 转化模式、功能与障碍

一 转化组织模式

科技专家参与的基层科技成果转化是产业技术研究院在科技成果

[①] 刘兴斌、盛锋、李鹏：《农业科技成果转化与推广主体动态博弈及协调机制构建研究》，《科技进步与对策》2014年第9期。

[②] 陈亭：《福建省农业科技成果转化现状研究》，硕士学位论文，福建农林大学，2015年。

转化上的有效途径，是科学技术服务于基层生产力的重要环节，它是以大学科技专家为依托的一种基于基层的科技成果产业化的组织形式。高校专家参与的基层科技成果转化组织模式是：在政府的政策指引下，以市场为导向，以政府和基层企业的资金、基层人力为支撑，以基层科技产业为枢纽，依托大学的科技成果、科技专家等资源，使先进的科技成果与基层农业、产业实现对接。高校科技专家参与的基层科技成果转化组织模式见图 5-1。

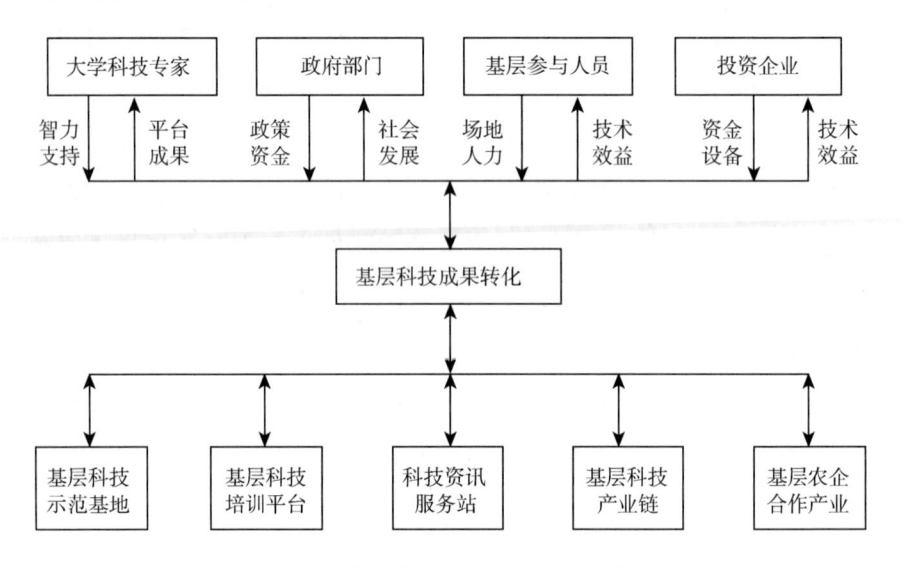

图 5-1 高校科技专家参与的基层科技成果转化组织模式

二 各主体功能定位

高校科技专家的主要功能在于提供智力支持。大学科技专家为基层带来的科技成果是实现基层科技创新的核心，其数量与质量将影响基层科技创新的进程。而且，高校科技专家还将充分利用自身的教学资源，开展科技教育与咨询服务，让科技成果更精准地服务于基层。

相关政府部门发挥的主要作用是提供政策与资金支撑，并对科技成果转化的进程进行宏观调控与指导①。高校科技专家参与的科技成果转化还处在新生阶段，需要依靠政府部门的政策以及资金的支撑，同时也需要政府部门协调外部力量，使基层科技成果转化各主体联合出力，使成果转化效率最大化，从而推动整个社会的创新与发展。

基层参与人员既是科技成果的需求方，也是直接参与科技成果转化的主力军。在科技成果转化进程中，基层参与人员作为主要劳动力是高校科技专家教育培训的对象，基层参与人员科技水平的提升将有助于农业大户、农业散户、基层企业自发组建农企合作组织，共担科技转化风险，共享科技成果转化收益。

投资企业或者投资公司是基层科技成果转化的资金、设备支持方。基层科技成果转化是一个相当复杂的过程，在科技研发、成果对接、成果应用整个过程中需要大量的物力、财力支撑，所以，涉农企业和风险投资公司的大力支持对科技成果转化的顺利开展具有重要的意义。

三 转化障碍因素

近年来，我国高校科技创新成果的专利申请量和授权量不断创出新高，研发经费开支年均增长率高达 19.68%，2002 年高校专利申请量和授权量分别占我国当年专利申请和授权总量的 5.83% 和 4.10%，到 2014 年，高校专利申请量和授权量在我国同年专利申请总量和授权总量中的占比上升到 10.06% 和 16.92%。在基层转化为现实生产力是高校科技成果社会价值的重要体现，我国高校科技成果在基层的转化并没有取得同步的增长。2002—2014 年，高校专利转化年均增长率为 17.52%，远远低于专利申请量（33.70%）和授权量（37.91%）的

---

① 任晶燕：《基于政府角度分析我国高校科技成果转化的问题及对策》，《科技管理研究》2011 年第 4 期。

年均增长率。数据显示，我国高校专利授权总量在 2004 年和 2005 年超过了美国，但科技成果的基层转化率却远低于美国[①②③]。高校科技成果的研发与维护花费了大量的人力和物力，未能转化为现实生产力，是对我国高度稀缺的科技资源的巨大浪费。而导致这种资源浪费的一个重要原因是各基层参与人员积极性不高，不能自发参与到整个科技成果转化的进程中来。其潜在的原因是实现高校科技成果最大程度产业化的前提。从基层科技成果转化项目的实施情况可以将其障碍因素归结为以下五点：

（一）基层技术人员科技水平低下

基层科技人员的受教育水平相对较低，不仅如此，他们传统的经营观念根深蒂固，市场化观念淡薄，对新型的科技成果吸收转化能力较弱，这是新兴科技成果在基层传播的重要障碍。

（二）科技成果服务错位

高校普遍存在着学术化氛围，有很多科研人员"为职称而科研""为课题经费而科研"，导致高校科技专家与基层缺乏沟通，因而科技成果很少能满足基层实际的需求，因地制宜地应用难度较大，进而拉大了高校科研与基层实际需求之间的差距。

（三）成果转化进程中各主体职能定位不清

基层科技成果转化是一个联合出力的过程，然而在实际进程中各主体弱化自身定位，机构冗余、人力分散、各自独立的现象严重。其结果是合作各主体间不能形成强大的合力，人财物资源大量浪费，成果转化停滞不前。

---

① 叶静怡、杨洋、韩佳伟、李晨乐：《中美高校技术转移效率比较——基于专利的视角》，《中国科技论坛》2015 年第 1 期。

② Albert N. Link, Donald S. Siegel, "University-based technology initiatives: Quantitative and qualitative evidence", *Research Policy*, 2005, (34): 253 – 257.

③ Timothy R. Anderson, Tugrul U. Daim, Francois F. Lavoie, "Measuring the efficiency of university technology transfer", *Technovation*, 2007, (27): 306 – 318.

(四) 激励政策不健全

现有的激励政策及制度，只注重合作前期的达成，而对科技成果转化过程及结果缺乏必要的评估体系，导致高校科技专家出现重视前期参与，而忽视后续转化的问题。

(五) 利益分配机制不完善

调查研究发现，一些基层科技成果转化项目在实施前的利益分配方式达成中，不能满足一方或多方的需求，导致项目无法实施。也有一些合作项目在实施的进程中由于利益分配的不合理，导致项目停滞或中断。

第三节 博弈分析

一 各主体合作关系

在基层科技成果转化的进程中，相关政府部门作为宏观调控方不直接参与到科技成果转化中，而高校科技专家、投资企业以及基层参与人员在决定是否参与合作时，将首先权衡利弊得失。在政府宏观调控以及高校的政策支持下，三者之间可以两两达成合作，也可以三者共同达成合作关系（见图 5-2）

二 政府作用

相关政府部门主要在基层科技成果转化相关的法律法规、项目资金、市场引导、宏观调控、协调组织等方面发挥重要作用。高校科技专家参与基层科技成果转化属于一种社会公益性事业，同时也处于起步阶段，还有许多障碍需要扫清，这就需要依靠政府的宏观调控来保证其继续推进，既需要政府制定或完善相关法律法规，保障基层科技

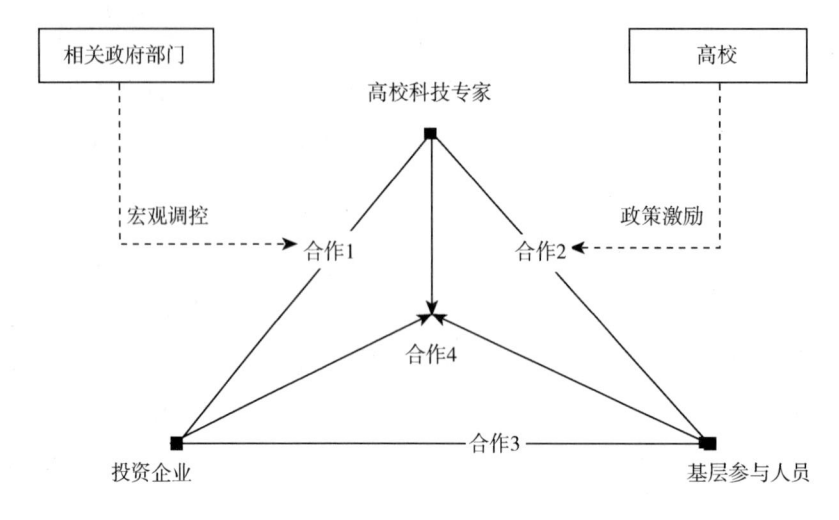

图 5-2 各主体合作关系

成果转化有法可依，又需要为科技成果转化提供良好的市场环境与市场引导，以保证科技成果转化与市场精准对接。

三 高校作用

高校科技专家作为科技成果的拥有者，其选择可以是将科技成果立足于基层进行转化，也可以是保留其成果不进行转化。如果选择参与合作，高校科技专家可能会获得成果转化收益和高校的奖励，同时也面临着成果收益无法弥补时间精力消耗的风险。如果拒绝参与合作，则不产生任何收益，也不投入任何成本，合作将不能达成。

四 企业作用

投资企业既是资金、平台的提供方，也是科技成果的需求方，投资企业也可以选择合作或者拒绝合作。作为合作方，投资企业有可能获得经济与技术的双重汇报，提升企业的竞争力，但同时也要承担成本资金无法收回的风险。如果选择不合作，则保持原有的技术资金不变。

基层参与人员作为人力与场地的提供方与科技成果的需求方，同样可以选择合作或拒绝参与科技成果转化。参与合作的基层人员将有机会在短期内获得较高的经济效益，同时能够在科技成果转化过程中提升自己的科技水平，当然也可能出现成果转化失败、效益不佳或利益分配不合理导致的收入与付出不成正比的情况。如果不参与合作，则保持原有的经济、技术水平不变。

综上所述，高校科技专家参与的基层科技成果转化各参与主体拒绝参与或中止参与合作的原因主要在于考虑到所承担的风险以及利益分配的不合理。承担的风险是客观因素，可以通过合理的规划以及有效的预测来降低风险，但是，利益分配不合理则是人为造成的，也是阻碍基层科技成果转化的关键因素，设计合理的利益分配模型是促进基层科技成果转化合作达成的重要保障。

第四节　收益分配分析

合作利益的分配既是达成合作的结果，也是达成合作的条件，由于每个参加基层科技成果转化的主体都是理性的，所以一个合理的利益分配方式必定既满足合作的整体理性，又满足各参与合作主体的个体理性[1]。Shapley 值法是 1953 年由 Shapley 提出的根据合作成员的对联盟的边际贡献来解决多方合作博弈中收益分配问题的方法[2]，经过风险系数修正的 Shapley 值法能够比较科学地针对风险频发的科技专家参与的基层科技成果转化来构建收益分配模型，下面介绍基于 Shapley

---

[1] 鲍新中、刘澄、张建斌：《合作博弈理论在产学研合作收益分配中的应用》，《科学管理研究》2008 年第 5 期。

[2] 李宝良、郭其友：《稳定配置与市场设计：合作博弈理论的扩展与应用——2012 年度诺贝尔经济学奖得主夏普利和罗思主要经济理论贡献述评》，《外国经济与管理》2012 年第 11 期。

值法的模型构建的具体过程。

一　条件假设

为便于叙述，将高校科技专家、投资企业、基层参与人员分别用1、2、3表示。假设高校科技专家所拥有的科技成果直接转化收益与劳动力成本为 a；投资企业的投入成本为 b；基层参与人员的劳动力成本为 c；合作产生的总效益为 m。同时，两两合作下的效益分别为 d、e、f，则不同合作方式下的收益如表 5-1 所示。

表 5-1　　　　　　　　不同合作方式下产生的总效益

合作方式	收益
{1}	a
{2}	b
{3}	c
{1, 2}	d
{1, 3}	e
{2, 3}	f
{1, 2, 3}	m
{Φ}	0

二　Shapley 值公式

n 维向量 $\varphi[v] = (\varphi_1[v], \varphi_2[v], \varphi_2[v] \cdots \varphi_n[v])$ 包含了 n 个实数，分别代表在合作博弈中 n 个主体各自的利益分配，其中

$$\varphi_i[v] = \sum_{S \subseteq N} \gamma_n(S)[\varphi(S) - \varphi(S - \{i\})], \\ \forall i \in N \quad (5-1)$$

$$\gamma_n(S) = \frac{(|S|-1)!(n-|S|)!}{n!} \quad (5-2)$$

式中，$\varphi_i[v]$ 称为 Shapley 值，$\gamma_n(S)$ 表示每个合作方式的加权系数，n 表示参与合作主体数量，$|S|$ 是联盟 S 的合作主体数量，$[\varphi(S) - \varphi(S-\{i\})]$ 即是合作博弈者对合作联盟的边际贡献。

三 基层科技成果转化效益分配模型

由条件假设可知，参与合作的主体数量 n = 3，将假设条件代入式（5-1）、式（5-2）可得

$$\begin{cases} \varphi_1 = \dfrac{2(a+m-f) + (d+e) - (b+c)}{6} \\ \varphi_2 = \dfrac{2(b+m-e) + (d+f) - (a+c)}{6} \\ \varphi_3 = \dfrac{2(c+m-d) + (e+f) - (a+b)}{6} \end{cases} \quad (5-3)$$

上述分配模型应满足以下约束条件

$$\varphi_1 + \varphi_2 + \varphi_3 = m \geq a+b+c \quad (5-4)$$

$$\begin{cases} \varphi_1 \leq a \\ \varphi_2 \leq b \\ \varphi_3 \leq c \\ \varphi_1 + \varphi_2 \leq d \\ \varphi_1 + \varphi_3 \leq e \\ \varphi_2 + \varphi_3 \leq f \end{cases} \quad (5-5)$$

式（5-3）表述的约束条件是科技成果转化所产生的收益必须在各参与主体间完全分配，而且成果转化所产生的总效益必须要大于每个单独的成员各自所能产生的效益之和。式（5-5）表示合作博弈超可加，指的是各主体参与科技成果转化所分的效益必须大于不合作或

部门合作时所分得的收益。

四 效益分配模型的修正

考虑到高校对科技专家的单独政策补贴以及各参与方所承担的风险程度不同对原有的效益分配模型进行修正,假设高校对科技专家的补贴为 $\Delta\varphi$,高校科技专家、投资企业、基层参与人员的风险系数分别为 α_1、α_2、α_3,满足 $\alpha_1 + \alpha_2 + \alpha_3 = 1$。在风险均等情况下,各参与方的风险系数均为 1/3,而实际情况下存在风险系数差,于是考虑风险系数的效益分配修正值可以表示为

$$\Delta\varphi_i = m\left(\alpha_1 - \frac{1}{3}\right) \qquad (5-6)$$

引入修正值后的效益分配最终模型可以表示为

$$\begin{cases} \varphi'_1 = \varphi_1 + \Delta\varphi_1 + \Delta\varphi = \varphi_1 + m\left(a_1 - \frac{1}{3}\right) + \Delta\varphi \\ \varphi'_2 = \varphi_2 + \Delta\varphi_2 = \varphi_2 + m\left(a_2 - \frac{1}{3}\right) \\ \varphi'_3 = \varphi_3 + \Delta\varphi_3 = \varphi_3 + m\left(a_3 - \frac{1}{3}\right) \\ \varphi'_1 \leq a, \ \varphi'_2 \leq b, \ \varphi'_3 \leq c \\ \varphi_1 + \varphi_2 + \varphi_3 = m \leq a + b + c \\ \Delta\varphi \leq 0 \end{cases} \qquad (5-7)$$

式(5-3)与式(5-7)即是本章所构建的基于合作博弈理论的高效科技专家参与基层科技成果转化效益分配模型,φ_1、φ_2、φ_3 分别表示高校科技专家、投资企业、基层参与人员在不考虑风险或风险平衡的情形下,依据各成员边际贡献的效益分配,φ'_1、φ'_2、φ'_3 则是考虑风险不平衡且高校对科技专家支持补贴情况下对前面的分配模型进行的改进。显然,后一种分配方式更具有现实意义,更加科学、公平、

合理，更能激励合作方自发参与到基层科技成果转化中来。

五 算例分析

假定有一基层科技成果转化项目，将高校科技专家、投资企业、基层参与人员分别用 1、2、3 表示。假设高校科技专家所拥有科技成果的直接转化收益与劳动力成本为 a = 20；投资企业的投入成本为 b = 50；基层参与人员的劳动力成本为 c = 10；合作产生的总效益为 m = 150，两两合作下的收益分别为 90、50、70。表 5 - 2 是合作各方收益情况。

表 5 - 2　　　　　合作各方收益情况　　　　　单位：万元

合作方式	效益
{1}	20
{2}	50
{3}	10
{1, 2}	90
{1, 3}	50
{2, 3}	70
{1, 2, 3}	150
{Φ}	0

由式（5 - 3）可得合作各方初始收益分配为

$$\begin{cases} \varphi_1 = \dfrac{2 \times (20 + 150 - 70) + (90 + 150) - (50 + 10)}{3} = 46.7 \\ \varphi_2 = \dfrac{2 \times (50 + 150 - 50) + (90 + 70) - (20 + 10)}{3} = 71.7 \\ \varphi_3 = \dfrac{2 \times (10 + 150 - 90) + (50 + 70) - (20 + 50)}{3} = 31.6 \end{cases}$$

这种情况下的科技专家、投资企业、基层参与人员的收益分配分别为 46.7 万元、71.7 万元、31.6 万元。若高校对科技专家的补贴 $\Delta\varphi=5$，风险系数设置分别为 $\alpha_1=0.32$、$\alpha_2=0.4$、$\alpha_3=0.28$，则根据式（5-6）、式（5-7）得出的修正后的效益分配为

$$\begin{cases} \varphi'_1 = 46.7 + 150 \times (0.32 - 1/3) + 5 = 49.7 \\ \varphi'_2 = 71.7 + 150 \times (0.4 - 1/3) = 81.7 \\ \varphi'_3 = 31.6 + 150 \times (0.28 - 1/3) = 23.6 \end{cases}$$

于是，三个合作方的收益分配分别为 49.7 万元、81.7 万元、23.6 万元。

六 结论

基于 Shapley 值的利益分配模型主要是根据各参与成员的实际边际贡献大小来进行分配，而高校科技专家参与基层科技成果转化正是一个动态多主体合作博弈的过程，边际贡献较为明确，采用基于 Shapley 值分配模型能够使分配趋于具体、合理。引入风险修正系数之后的分配模型则考虑的实际情况更加全面，使得分配结果更加公正，修正分配模型可供相关政府部门决策人员参考，以制定明确的利益分配方式。

第五节 创新策略

根据以上的合作博弈理论的分析可以看出，基层科技人员水平低下、科技成果服务错位、合作主体职能定位不清只是阻碍基层科技成果转化的表象，其根本原因在于相应的政策支撑和利益分配机制不完善。只有改进现有的策略，完善配套政策与利益分配机制，才能促成高校科技专家参与基层科技成果转化的长足发展。

一 建立完备的高校政策激励机制

高校的政策支持与鼓励是推动高校科技专家参与基层科技成果转化的强大动力,能够充分调动高校科技专家的积极性,自觉参与到基层服务中去。在价值体现上,高校应该统筹协调学校与科技专家利益,建立明确的产权制度,保障科技要素参与利益分配,尽可能体现科技专家及其科技成果的劳动价值;在激励形式上,高校应该设立基层科技成果转化锦标赛机制,将基层科技成果转化与高校科技专家个人职业晋升挂钩,大力表彰表现优秀的个人或团队,并设立一定的奖励,从精神、物质两个层面来破除高校科技专家积极性不高的障碍。

二 加强合作管理,加大公共投入

一级人民政府设立独立的负责基层科技成果转化管理部门,以解决管理部门分散、职能定位不清的问题。加强对科技成果转化整个进程的管理,从合作开始的分工到合作最后的效益分配都应该建立明确的制度,避免合作过程中出现分工与利益分配矛盾。积极创新科技奖励制度,建立奖罚并重机制,对于积极参与合作或做出重大贡献的要给予一定奖励,同时,消极合作方也应承担相应的行政责任。强有力的管理制度既能够约束各参与人员的行为,也能够激发其创造活力。

资金短缺是影响基层科技成果转化的重要障碍因素,企业的投资是依赖于投资前景的,对于一些转化效益不明显的科技成果,从公共利益增加角度看,政府应当加大投入力度,以保障其顺利转化。一方面,可以通过设立专项基金来支持发展潜力较大的科技成果;另外一方面，可以通过减免税收等优惠政策来吸引社会投资人员的参与。

三 优化市场环境，搭建成果转化联盟

科技成果转化是以市场为导向的，市场环境的优化是实现供给侧与需求侧精准、均衡对接的保障，是提高科技成果转化效率的重要环节。完善的专利、技术政策和法律法规是科技成果市场化的最基本保障，在供给侧改革的新形势下，通过更新和优化公共政策体系，应对面临的新问题、新需要，实现科技成果转化全过程资源配置的法制化。

建立由政府部门、高校、企业和科技专家共同参与的成果转化联盟，并由成果转化联盟推动建立明确的利益分配制度，从而使基层科技成果转化各参与人员的利益分配有依据。成员间的利益分配应该主要根据合作过程中各合作成员的边际贡献大小，同时考虑合作方的风险程度的不同对分配进行微调，从而使分配更加科学、公平、合理。科技成果转化的资金获取上，可以创新成果转化市场平台，引入金融资本，推动科技成果转化的速度和精度。

本章小结

高等院校在科技创新方面的贡献不可磨灭，是国家创新体系的重要组成部分，也是产业技术研究院不可缺少的组织构成元素，但我国高校科技成果转化率却远低于西方发达国家。为改变这一现状我国政府不断完善政策法律体系，并制定相关优惠政策。本章在分析我国高校科技专家参与的基层科技成果转化组织模式的基础上，基于合作博弈理论分析了高校科技专家、投资企业、基层参与人员的价值体现以及利益追求，构建了基于合作博弈理论Shapley值的效益分配模型，考

虑到高校对科技专家的补贴政策以及风险不平衡的影响，对效益分配模型进行了修正，并引入算例验证了该分配方案的合理性。最后依据分析结果从三个方面对高校科技专家参与基层科技成果转化提出了相应的创新策略建议，可供相关政府部门参考，制定相应的配套政策，以促进高校科技专家参与基层科技成果转化长足发展。

第六章 科技类基金会

第一节 绪论

社会力量的参与是我国未来科技创新的重要趋势之一。社会组织能够有效吸收社会资源，以社会公益为目标，通过灵活的人员组合和行为方式参与科技创新，包括科技研发、科技中介、科技资源集成整合、科技评价等。科技类基金会是社会力量参与科技创新的典型形式，在国家法律法规的有效约束下，科学合理地参与科技创新活动，发挥了重要作用。在产业技术研究院的发展中，以高校基金会为主体的科技类基金会有效促进了政府、企业和高校的科技创新合作，有的高校基金会直接参与产业技术研究院的合作。作为产业技术研究院构成因素，科技类基金会是社会组织与科学技术的有效融合，兼具社会组织的社会属性与科技创新的科技属性，在产业技术研究院的创新发展中担负着科技类相关社会服务的重大责任，在科技管理、产业政策制定、产业整体规划中发挥着更大的作用。研究科技类基金会的发展现状、发展动因以及发展趋势是产业技术研究院研究科技创新与社会组织、政府与社会组织及高校进行高效对接的成功借鉴，能为科技成果进一步转化寻求有效途径。

一 社会组织概念及发展

社会组织,又叫第三方组织,即非政府组织,是非营利性的新的组织形式。当前,社会组织分布于世界各个角落,小至个人、家庭、社区,再到一个国家或一个地区,大到全球的社会事务或公益事业,社会组织都在为社会的发展起着积极作用。

随着社会以及科学技术的不断发展,二者之间也产生了不可分割的联系,科学技术以及科研工作者通过多种不同的途径直接或间接地影响着社会的发展和社会大众的生活、娱乐方式;社会以及社会大众也在通过自己的方式影响着科技的发展方向和发展速度。在此过程中科技类的社会组织通过各种形式一直活跃在社会大众生活的各个方面,科技类社会组织更像是一座桥梁连接了科技工作者与社会大众:一方面,让科技工作者更加了解社会大众现阶段的迫切需求;另一方面,让社会大众了解科技工作者最近的研究方向和最新的科技发展动向。因此,科技类社会组织不仅能实现其自身的科技属性,还能够发挥其额外的社会属性,实现科学技术的有效推广、科技的基础教育、科技伦理的宣传以及行业规范的更大范围的推广。一直以来,政府在社会管理中所扮演的角色在一步步地弱化,科技类社会组织将承担起更大的责任,包括更多的与科技类相关的社会服务和社会功能,在社会管理创新方面发挥更大的作用。

科技类社会组织正在蓬勃发展,作为产业技术研究院的一大分支,它的发展对社会的走向愈发重要。现阶段,对科技类社会组织的全面深入研究较少,科技类社会服务的发展不够全面。如,社会大众尤其是青少年对科技类社会组织反映强烈,形成对比的是社区层面的科技类社会组织较少,能够提供的科技类社会活动较少,门槛又高,以至于社会公众无法顺利地参与到科技类社会组织当中。

二 科技类基金会

目前,国内外学术界关于"基金会"的定义多达 20 余种,而科技类基金会是基金会的一大类。《世界基金会指南》以及美国基金会中心关于基金会的定义最具权威性。《世界基金会指南》指出:基金会是一种非政府、非营利的组织,有独立的资金来源,由受托人或董事会管理,目的是帮助教育事业、慈善事业以及医疗救助等具有社会公益性的事业[1]。美国基金会中心指出:基金会是具有非政府的、非营利的性质,通过对其他非营利机构的赞助,或援助社会、教育慈善、宗教或其他公益活动[2]。国务院在 1988 年颁布的《基金会管理办法》中对基金会进行了权威定义:对国内外社会团体和其他组织以及个人自愿捐赠资金进行管理的民间非营利组织,是社会团体法人。2004 年《基金会管理条例》又重新定义为:利用自然人、法人或者其他组织捐赠的财产,以从事公益事业为目的,按照本条例的规定成立的非营利性法人。

基金会已经逐渐渗透到社会生产以及人民生活的各个领域,是社会发展的助推器,并且具有难以替代的作用。党的十八届三中全会确立了"推进国家治理体系和治理能力的现代化"的改革目标,这对于科技创新而言意义重大。这表示国家已经将培育和发展包含科技基金会在内的各类科技社团组织作为推动产业技术研究院的发展以及创新治理体系构建的重要力量。现阶段,我国全面建设小康社会和实施创新驱动产业升级已经到了最关键的时刻,也是我国产业技术研究院与

---

[1] 王崇赫、孙凌霞:《非公募基金会投资管理模式选择:美国经验及启示》,《社团管理研究》2010 年第 2 期。

[2] 王劲颖:《美国基金会发展与管理的启示与思考——兼论社会组织建设工作》,《长沙民政职业技术学院学报》2011 年第 1 期。

各类科技组织、高校以及科研机构发展的最有利的战略机遇期。

科技进步基金会在构建地方区域创新体系中具有其他科技发展机构不可替代的作用。社会组织具有非政府性、非营利性、自愿性及其在经济和社会建设中可以发挥巨大的社会功能，这是人们所公认的[①]。基金会是我国社会组织最主要的三种形式之一，包含教育、卫生、文化、科技、环保等类型，这是一种狭义的行业分类方法。实际上，很多基金会横跨多个行业，或者在某一行业实施多种业务活动。如：中国牙病防治基金会，属于医疗卫生行业，但同时承担科普活动。因此，我们综合考虑基金会的使命与宗旨、业务范围、行业和项目信息，采取广义的分类方法，只要从事一定科技活动，都划归科技类基金会，并由此界定：科技类基金会是以科技政策的有效执行、促进科技发展与创新为目的而依法开展各种科技活动的基金会总称。

第二节　科技类基金会发展现状

20世纪80年代以来，中国宋庆龄基金会、中国癌症基金会、中华国家科学交流基金会等公募基金会的成立，对于吸收社会资源、开展科技活动起到了巨大的推动作用。2004年《基金会管理条例》颁布以后，香江社会救助基金会等非公募基金会的成立，丰富了基金会的主体类型，大大增强了科技类基金会的资源吸收渠道，提升了科技类基金会的社会影响力。经过近30年的发展，截至2012年5月在民政部门登记成立的全国性基金会有164家，其中根据广义分类法界定的科技类基金会已达91家（本章除有特别标注，所有基金会数据来源于CFC基金会中心网）。科技类基金会的蓬勃发展，丰富了我国科技活动的主体，能有效激发社会活力，极大地促进了我国的科学技术发展

---

① 白平则：《如何认识我国的社会组织》，《政治学研究》2011年第2期。

和科技体制改革。

一 业务主管单位

基金会的业务主管单位包括国家力量和社会力量。科技类基金会的业务主管单位根据统计,具体可分为5种类型:①政府部门;②党委部门;③学术团体(中国科协、中国科学院等);④社会团体(包括工会、妇联、侨联、共青团等);⑤军事部门。从业务主管单位的数量分布来看,政府部门最多,有67家;党委部门8家;学术团体7家;社会团体7家;军事部门3家。以上分布现状,体现了我国基金会业务主管单位多元化,突出反映了政府部门在科技类基金会科技作用导向、科技活动监督中的绝对主体作用(见图6-1)。

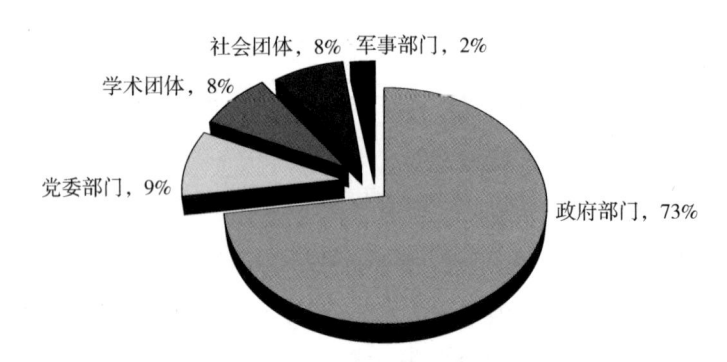

图6-1 科技类基金会业务主管单位分布

二 行业与区域分布

公益是科技类基金会的使命和目的,对于全国性科技类基金会来说,为了公益目标的实现,行业和区域可以在合法程序下变更。因此,尽管科技活动的专业性,要求科技类基金会集中于某一行业领域,但在实践中并不局限于该行业,或者并不局限于机械地从事某一行为。

很多环境保护行业的基金会，它们集中了一大批国内相关学术领域的权威和精英，通过开展相关学科和技术的研究及其开发、应用，积极推动中国环境保护科学和技术的发展①。这就导致科技类基金会的行业交叉现象。我国的科技类基金会，有的只专注于某一行业，如中国经济改革研究基金会等科学研究类基金会，只重视科学研究与科研成果的推广。但有的在专注于本行业的同时，也从事一定的科技活动：如中国禁毒基金会，会定期开展科普活动。有的属于教育行业，如北京大学教育基金会，其业务范围为"接受和管理社会各界的捐赠，实现基金的保值、增值，奖励教师、学生，资助教学、科研等"，也包含科学研究等科技活动。总的来说，科技类基金会分布行业广泛，从91家全国性科技类基金会分布状况来看，包括教育40家、卫生15家、文化11家、科学研究8家、环境5家、国际事务3家和其他9家。其中，教育类科技基金会基本附带科学研究和科研成果推广等科技活动，卫生、文化、环境类等侧重于科技项目的推广（见图6-2）。区域分布方面，全国性科技类基金会相对集中，其中北京有78家，占总数的85.71%。

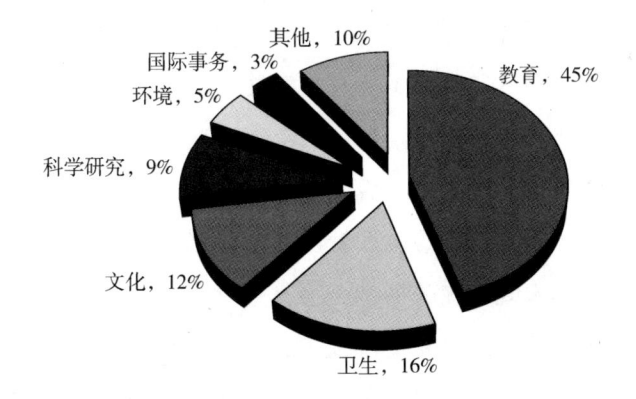

图6-2 科技类基金会行业分布

---

① 王名：《中国的非政府公共部门》（下），《中国行政管理》2001年第6期。

三 组织能力构成

基金会的能力构成主要体现在组织结构、人员构成、财务状况以及年检结果等方面。依据基金会相关法规，我国科技类基金会实行了理事会和监事组织结构。根据从 CFC 基金会中心网获取的数据，重点对财务状况进行统计分析（见表 6-1）。

表 6-1　　　　　　　　科技类基金会财务状况　　　　　　单位：万元

类别	全体基金会	前 10 名基金会	后 10 名基金会
总资产	1056600.844	704686.832	8511.948
年度收入	1133973.643	931537.558	332.508
年度支出	387331.267	287445.675	541.597
年度捐赠收入	524888.593	379840.061	604.913

统计分析显示，前 10 名基金会总资产占全体总资产的 66.69%，后 10 名基金会资产总额占前 10 名资产总和的 1.21%；年度捐赠收入方面，前 10 名捐赠收入占总捐赠收入的 72.37%。9 家没有捐赠收入，有捐赠收入的后 10 名占前 10 名的 0.16%；年度收入方面，前 10 名年度收入占总年度收入的 82.15%。后 10 名占前 10 名的 0.06%；年度总支出方面，前 10 名占总年度支出的 72.21%，后 10 名占前 10 名的 0.19%（见图 6-3）。

通过表 6-1 和图 6-3 可以看出，科技类基金会个体之间财务实力差距巨大，具有规模优势的基金会几乎垄断了现有可获取资源，存在严重的两极分化现象。年度收入远远高于年度支出，尤其年度捐赠收入高于年度支出，充分反映出基金会在资金的使用上效率不高，未能实现社会资源最大化的公共利益。

人员构成方面，根据获取的数据显示，科技类基金会全职员工总人数（75 家有统计数据）935 人，平均人数为 12.5 人，职工总数排名前

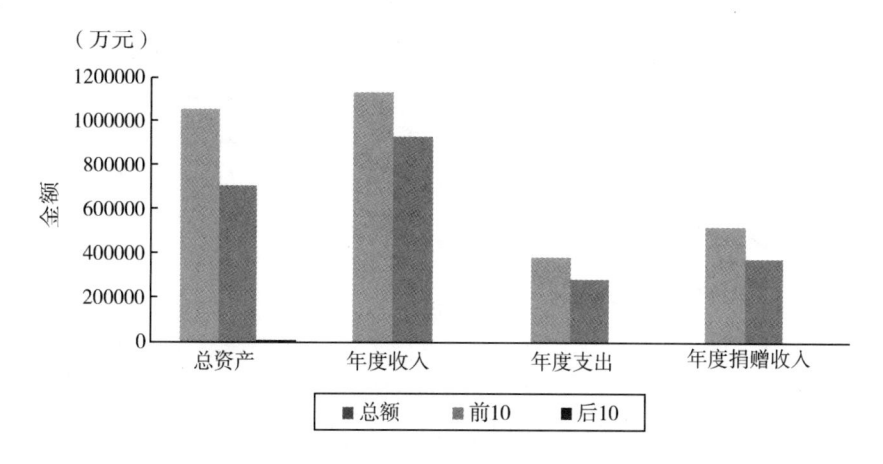

图 6-3 科技类基金会财务状况统计

10 的基金会总计 446 人，占总人数的 44.7%。基金会的人数差异远小于财务差异，人数构成相对合理；年检结果显示科技类基金会的发展处于良性状态。在 2010 年国家民政管理局组织的基金会年检结果公示中，参评的科技类社会组织年检基本合格 7 家，不合格 1 家，其余全部合格。[①]

四 主体类型

2004 年颁布的《基金会管理条例》规定："根据资金募集的对象，基金会分为公募基金会和非公募基金会。公募基金会可以面向公众募捐，非公募基金会不得面向公众募捐。" 2005 年第一家非公募基金会——香江社会救助基金会成立，其后非公募基金会数量迅速增加，91 家科技类基金会中，现已有非公募基金会 38 家。考虑非公募基金会发展只有 7 年时间，其发展速度已远超公募基金会（见图 6-4）。

从图 6-4 可以看出，非公募科技类基金会的发展速度远高于公募科技类基金会，科技类基金会总量的变化趋势与非公募科技类基金会

---

① 中国社会组织网。

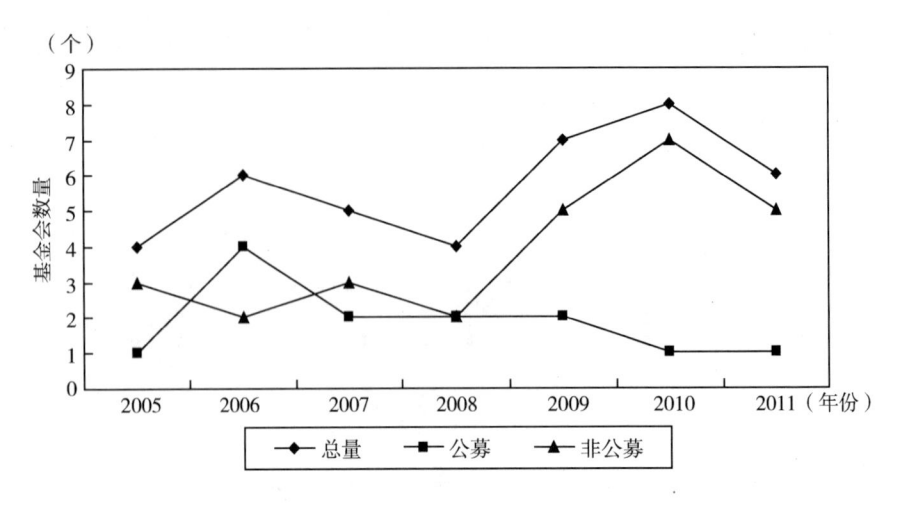

图 6-4 基金会成立分类数量对比

几乎完全一致,非公募科技类基金会已经成为决定科技类基金会总量发展趋势的最重要部分。

第三节 科技类基金会发展的动因

我国科技类基金会虽然起步较晚,但发展较快,已由 20 世纪 80 年代初期的 10 多个,发展到现在的 91 个,历年新成立数量也不断增长(见图 6-5)。

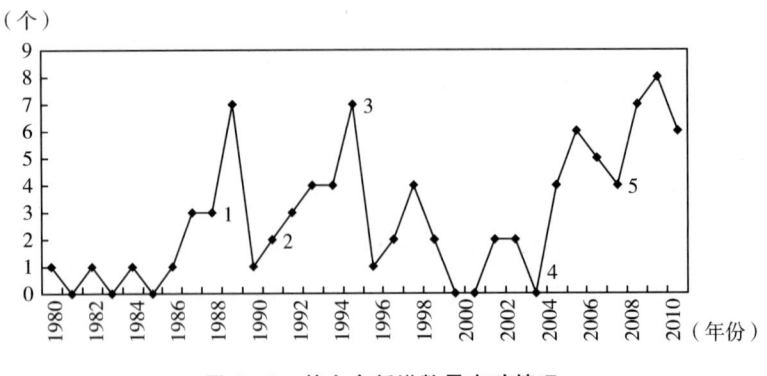

图 6-5 基金会新增数量变动情况

根据科技类基金会的历年增长趋势，我们可以清楚地发现，新增数量处于整体上升趋势，但在 5 个标注的关键节点剧烈波动，通过情境分析发现：经济发展与科技进步的持续提升、公众对生活的不断追求、政府职能转移的继续推动是整体上升趋势的基础，而社会管理政策的变化是其波动的重要原因。科技类基金会在我国的蓬勃发展，是经济发展、社会转型的时代要求，也是科技进步的必然趋势。其发展的动因主要有以下几点：

一 社会管理政策法规强化了组织发展保障

加强和规范基金会的发展，是我国社会管理的重要环节。5 个关键节点体现了我国对基金会管理政策不断创新的过程。2011 年 2 月 19 日，胡锦涛总书记在省部级主要领导干部社会管理及其创新专题研讨班开班式上发表重要讲话，强调"扎扎实实提高社会管理科学化水平，建设中国特色社会主义社会管理体系"，社会管理水平的提高需要通过社会管理创新来实现，与基金会等社会组织相关政策法规的创新是科技类基金会持续发展的组织保障。

表 6-2　　基金会新增数量关键节点一览

节点	年份	事件	内容	影响
1	1988	《基金会管理办法》出台	实行业务主管单位、中国人民银行和民政部三方负责的管理体制	1989 年基金会数量快速增长
2	1991	中共中央办公厅、国务院办公厅发布了《关于严格审批和整顿基金会的通知》	对基金会的审批和监管制度进行了规范	推动基金会良性增长
3	1995	中国人民银行发布《关于进一步加强基金会管理的通知》	要求基金会需具备 10 万元最低原始注册资金和 200 万元活动资金，同一区域防止同类基金会的设立	提高了基金会的准入门槛，导致新增数量开始下降

续表

节点	年份	事件	内容	影响
4	2004	《基金会管理条例》颁布	对基金会的基本制度进行了规定,对公募和非公募基金会进行了分类设置	非公募基金迅速增加,导致井喷式增长
5	2008	《中华人民共和国企业所得税法》修订	公益性捐赠税前扣除比例由原来的3%提高到12%	大大提高了基金会设立的积极性

二 科技政策提供了行业发展的战略支撑

大力推动科技类基金会等社会力量对科技活动的参与是新时期我国科技政策的重要内容。1999年出台的《社会力量设立科学技术奖管理办法》,鼓励社会力量支持科学技术事业。《中华人民共和国科学技术普及法》第六条规定:"国家支持社会力量兴办科普事业。社会力量兴办科普事业可以按照市场机制进行。"《中华人民共和国科学技术进步法》第四十七条规定:"国家鼓励社会力量自行创办科学技术研究开发机构,保障其合法权益不受侵犯。"这些法律法规和规章制度为科技类基金会的发展提供了保障。另外,国家的宏观政策也为科技类基金会的发展提供了机遇。《国民经济和社会发展第十二个五年规划纲要》提出:"要深化科技体制改革,促进全社会科技资源高效配置和综合集成。"《国家"十二五"科学和技术发展规划》多次提到加强对科技中介以及社会力量的培养,如:"引导社会资金加大对科技创新的投入",并要求"社会公益领域科技水平整体提升,适应民生改善需求的技术和产品得到大力发展"。以公益为目的的基金会能够有效地在公益领域发挥积极作用,通过募集资金和公益项目的推广,实现"科技创新更加惠及民生"。2012年5月胡锦涛在"研究深化科技体制改革,加快国家创新体系建设"会议上再次强调:"必须在深化科技体制改革上取得新的重要进展,建立健全科学合理、富有活力、更有效率的创新体系,激发全社会创造活力,实现创新驱动发展。"这些新政策的出台,是国家根据时代发展要求作出的科技战略调整,同时也为我国科技类基金会的发展提供了新的历史机遇。

三 政府职能转移提供了发展机遇

社会管理创新包括多方面的内容,其中政府购买公共服务是一项有效的实践和探索①。政府在职能转移过程中,通过公共服务外包的方式,可以吸引具有专业技术人员和运作高效规范的社会组织参与基本公共服务的提供。《国家基本公共服务体系"十二五"规划》提出"加快建立政府主导、社会参与、公办民办并举的基本公共服务供给模式"。科技类基金会可以通过对科学研究、科普、环保、医疗、教育等基本公共项目的竞争性参与,获取发展资金、提高社会影响力,在增强自身发展能力的同时,实现社会基本公共服务水平的提高。

四 社会公众对美好生活的追求拓宽了生存空间

首先,公众从日常生活到精神文化的多元化科学需求,大大拓展了科普的领域。深入实施全民科学素质行动,动员多方力量参与科普工作,推动形成社会化科普工作格局,是我国科普工作的重要内容。科技类基金会从事科普活动,能有针对性地满足公众的需求,避免公众科学盲点导致的非理性行为,从而真正使今天的科普以公众为中心,并真正使科普成为公众日常生活的一部分②。其次,社会公众希望科技类基金会专注于科技活动,提升弱势群体的生活条件。中国癌症基

---

① 于国安:《政府购买公共服务评析及政策建议》,《经济研究参考》2011年第46期。
② 朱效民:《30年来的中国科普政策与科普研究》,《中国科技论坛》2008年第12期。

金会等科技类基金会，通过募集社会资金专注于某一领域或项目研究，能有效推动开展癌症治疗的研究和成果的推广，大大提升人们对抗癌症的能力。最后，公众更能意识到科技进步对生活质量提升的价值。科技是第一生产力，只有科技发展了，公众的生活质量才有根本的提升。一批具有先进意识的社会公众和有实力的企业通过资助基金会的科研活动，极大促进了科技创新和科技成果转化。

五　经济发展夯实了物质基础

改革开放以来，我国经济一直保持高速增长，国家综合国力提升的同时，社会出现以中产阶级和成功民营企业家为主体的富裕群体，企业和个人可供支配的社会财富大幅增加。国有企业、民营企业以及具有资金实力的个人，出于对公益事业的热情、科技活动的热爱，能够自愿出资捐助，成为科技类基金会生存和发展的资源供给者。

第四节　科技类基金会的发展趋势

社会资本主要由两部分组成：一是客观的社会网络和组织，二是一系列相对主观的道德规范和价值观念[①]。科技类基金会的发展壮大，是社会资本不断增加的必然要求。在我国宏观政策和时代背景下，科技类基金会的发展方兴未艾，这既是科技体制改革不断深化的表现，也是社会力量参与科技进步与创新的需要。可以预见，在未来的一段时期内，我国的科技类基金会在数量上仍将继续增长，发挥的作用更加显著。从我国科技类基金会的运行情况和效果来看，未来我国科技

---

① Robert Putnam, Robert Leonardi and Raffaella Nanett I., Making Democracy Work, Robert Putnam, Bowling Alone, John Brehm and Wendy Rahn, Individual-Level Evidence for the Causes and Consequences of Social Capital, *American Journal of Political Science*, 1997 (41).

类基金会的发展趋势将集中在以下六个方面：

一 承接政府职能转移，科技服务作用突出

根据我国行政体制改革的要求，政府会进一步转变职能，扩大向基金会购买服务的范围。2012年3月，民政部颁布了《中央财政支持社会组织参与社会服务项目实施方案》，根据国家的宏观政策，未来几年，基金会等社会组织参与社会服务项目的领域将呈不断扩大的趋势。在科技领域内，基金会因为自身的专业优势，有效承接科学研究、科技产业推动、科普等科技活动。在政府的政策支持和社会服务项目的资助下，一批具有科学优势和品牌优势的基金会，将不断发展壮大，形成示范效应。众多科技类基金会的积极参与促进社会服务项目的有效完成，其在国家和社会科技领域中的作用也表现得更加突出。

二 品牌效应的规模化趋势日益凸显

科技类基金会的发展关键在于资金获取能力。基金会的收入包括捐赠收入、提供服务收入、商品销售收入、政府补助收入、投资收益和其他收入[1]，其中最重要的是捐赠收入和提供服务收入。一批具有较高公信力、运作规范和吸引社会公众关注的基金会将有更强的募资能力。符合政府公共服务参与要求，且具有较高专业技术和运作能力的基金会将更容易获取政府外包项目，扩展自身的发展空间。政府部门通过年检和基金会评估报告的公布，促使科技类基金会加强内部治理与社会公信力建设，以取得较高的品牌形象。社会资源与政府

---

[1] 《中国基金会发展报告（2011）》编委会：《中国基金会发展报告（2011）》，社会科学文献出版社2011年版。

资源在品牌效应下,更容易出现集中流动,使部分科技类基金会形成规模优势。

三 总量增加,非公募基金会发展迅速

当前,我国科技类基金会总量和发达国家相比存在很大差距,从中美基金会总量的巨大差异可以看出,截至2011年,我国基金会总计2222家,美国则有1万家[①]。可见,我国的科技类基金会有很大的发展空间。国家也一直强调对社会资源的吸收以及社会力量参与的积极作用,这必然会导致科技类基金会总量的增加。

2004年《基金会管理条例》颁布以后,非公募基金会从无到有,在高校、企业、企业家和社会精英的支持下,数量迅速壮大。到2012年,91家科技类基金会有38家属于非公募形式。企业、企业家和社会知名人士发动建立的非公募基金会,目标指向更为明确,能够深入到最为实际的社会问题,通过科技活动切实推动社会的科技发展和改变,实现了科技类基金会的公益使命。依托社会财富的大幅增长,在"科技推动公益发展"制度的支撑下,非公募基金会将获得更加强大的生命力和发展空间。

四 社会公信力和影响力不断提升

我国目前处于社会转型的关键期,社会组织总体上仍处于发展的初级阶段。基金会的数量虽迅速增加,但良莠并存,不同基金会之间差距明显。出现的资金使用不透明、虚假圈钱等行为严重影响了基金

---

① 《中国基金会发展报告(2011)》编委会:《中国基金会发展报告(2011)》,社会科学文献出版社2011年版。

会的影响力。随着政府管理和社会监督的规范健全,科技类基金会会更加追求品牌形象,强调公益目的的实现,也只有如此,才能获取持续发展的机会。客观的社会网络会将"合作、团结以及公益"等道德规范灌输给其成员,并进而促进其成员采取社会公益行为[①]。一批优秀的基金会的成功,会产生较好的示范效应。更多科技类基金会将会在行业和领域中闯出自己的品牌、在社会上树立独特的形象,社会声望和影响力不断提升。

五 内部管理专业化、规范化

《基金会管理条例》对组织机构、财产的管理和使用等方面进行了规范,2011年实施的《社会组织评估管理办法》细化了对基金会评估的操作细则。这些法规和办法的出台,促使基金会更加重视自身的内部管理,并根据相关要求进行专业化、规范化建设。科技类基金会只有不断完善内部的管理制度,才能实现对公益科技的价值追求,通过组织和能力建设,增强员工对使命的认同,促进机构文化的培育形成,追求资金使用的最大效率,发挥最大的社会公益价值。

六 高校科技类基金会的发展将更加突出

高校教育基金会是高校设立的以募集教育资金为主要目的的非营利性组织,起源于英美国家。虽然我国高校基金会成立时间不长,但发挥了重要作用[②]。高校是我国科学研究领域的重要力量,是推动科

---

① 卢春龙:《西方政治学视野中的社会资本理论》,《中共浙江省委党校学报》2010年第5期。
② 郭秀晶:《我国高校教育基金会的现状分析与发展路径选择》,《天津大学学报》(社会科学版)2009年第3期。

技进步与发展的生力军。高校基金会能有效利用高校的人才资源等科学研究优势、校友会等组织优势，通过相关企业、校友的支持，获取社会资源，促进自身发展。目前，全国教育行业的科技类基金会共计40家，其中清华大学教育基金会等高校科技类基金会12家。对比我国目前高校的存量、社会资源吸收优势，高校科技类基金会的数量必然会出现井喷式发展。

本章小结

科技类基金会作为具有创新性的社会组织在产业技术研究院的建设过程中发挥了巨大的作用。一直以来，各种形式的科技类社会组织都充当着科技工作者、政府部门、企业及社会大众的桥梁，推动了科学技术、科技的基础教育、科技伦理及行业规范的普及。本章分析了91家全国性科技类基金会的业务主管单位、行业与区域分布、能力构成、主体类型四个方面的发展现状；探讨了科技类基金会蓬勃发展的动因；对未来我国科技类基金会的发展趋势进行了预测。

第七章 区域创新系统中的科技中介

第一节 绪论

在研究产业技术研究院的地域特点时，不仅要考虑区域创新能力，还要考虑可持续发展动力的积聚能力。作为一个完善的具有区域特色的科技服务体系，科技中介是政府科技部门职能的延伸，随着我国治理体系和治理能力现代化建设的推进，在我国政府职能转移中逐渐实现了公共服务的社会化外包，科技类公共服务和产品被更多的科技中介机构承担。产业技术研究院要提高市场适应能力，必须能够积极主动地加强与科技中介的对接。科技中介提供的科技创新服务也能够促进区域创新体系中产业技术研究院的构建。因此，研究区域创新体系的构成要素及其功能、科技中介及其分类以及科技中介在区域创新系统中的功能发展现状及存在问题和对策就十分必要。

一 科技中介机构

科技中介机构是科学技术向生产力转化的主要主体，是产业技术研究院创新发展的组织构成因素。社会各界对科技中介寄予厚望，专家学者也在提高科技中介各个方面做了大量的研究。近年来，科技中介机构的发展迅速,在科技成果转化及与高校、企业的产学研合作方面有一定成就。但我国科技中介发展起步较晚,较发达国家还有很多的不足之处,如服务类别单一、设施不完善、组织体系单薄等。由于科技中介机构没有更广泛的影响力,也就局限了它对经济增长的贡献力度,因此,科技中介实现科研成果向实际生产转化难度较大。另外,政府对科技中介的支持力度太小,不论是从资源上、资金上还是技术支持上都远没有达到期望值,以至于科技中介并不能稳定持久地发展。而且政府对科技中介科技成果转化相关工作的整合性不强,缺乏对科技中介从业人员的激励机制。

党的十五届六中全会明确提出了建设创新型国家的重大战略思想。2006年全国科技大会规划了下一步科技创新发展的总目标:到2020年我国要建成科技创新型国家,并以科技创新成为经济社会发展的依托。随后,《国家中长期科学和技术发展规划纲要(2006—2020年)》提出要增强自主创新能力,建设创新型国家,对国家创新体系进行了顶层设计,并将此提升为全党全国各族人民的一项共同的历史任务。

横向来看,"五为一体"的创新体系是指:第一,以市场为导向、以企业为主,形成企业与高校、科研机构的产学研相结合的技术创新体系,以达到全面提升企业的科技创新的能力,提升企业的核心竞争力。第二,建设科研与高等教育配合的知识创新体系。第三,建设军民融合、寓军于民的国防科技创新体系。第四,建设各具特色的区域创新体系。第五,建设社会化、网络化的科技中介服务体系。

纵向布局看,科技创新体系的完善离不开科技中介机构的桥梁作用。在建设创新型国家战略背景下,中央和各级政府相继出台了《中华人民共和国科学技术进步法》《中华人民共和国促进科技成果转化法》《湖北省科技计划项目管理办法》《宜昌市科技型中小企业技术创新资金使用管理暂行办法》等法律与各项决定以促进各地市的科技创新活动,并构建国家级、省级、市级技术转移示范基地、生产力促中心、区域性技术服务机构等科技中介组织,这种新型的科技中介网络形式,如,"中国站"是科技中介发展的新方式。

现阶段,科技中介体系薄弱,机构并没有独立的能力去承担科技成果转化,因此,需要产业技术研究院对其进行合理的资源配置和宏观调控。科技中介自身也应该积极探索切实可行的服务项目和模式,将科技资源高效地整合在一起,发挥各单元的优势。本章提出的区域性科技中介服务网络体系,就能够使科技中介发挥网络服务的优势,将分散的资源以及各个主体通过有效的机制整合起来,使科技中介服务体系在国家创新体系中发挥更基础、更直接、更重要的作用。

二 区域创新系统

区域创新系统(Regional Innovation System, RIS)的定义是:国家创新体系的核心组成部分,是区域产业技术研究院的重要组成部分,对于区域科技创新推动以及经济可持续发展动力的积聚有着举足轻重的作用。广义上来讲,区域创新系统,简单地说,就是指一个区域内参加高新技术发展和扩散的企业、大学和研究机构、中介服务机构以及政府组成的,为创造、储备、使用和转让知识、技能和新产品的相互作用提供媒介的网络体系,是国家创新体系的基础和重要组成部分[1]。区域创新系统的构成包括创新支撑网络、创新服务体系及相关制度安排。区域创新系统的作用是快速集聚区域创新要素;搭建科技创新资源平台;推动区域科技成果转化;加快区域科技成果应用到产业中去;加强区域之间技术集成和商业交流;促进域内企业与各类科研主体实现协同创新,进一步加快国家区域产业技术研究院的创新发展。但是,从区域创新体系的出现到现在的快速发展,这几年也出现

---

[1] 徐顽强等:《区域创新与科技中介服务体系建设》,人民出版社2007年版。

了很多问题,如高校、科研机构与企业的产学研供需脱节;研发经费的浪费和分配不合理现象;科技创新人才流失、人才引进机制不完善;评价激励机制不合理;区域创新融资体系单薄;中介服务组织规模小、业务范围不清晰等,在一定程度上制约了我国区域创新系统的建设和完善。

第二节 区域创新系统的构成要素及其功能

一 构成要素

从区域创新系统含义可以看出,区域创新系统是由企业、政府、大学和科研机构、各种科技中介机构几个基本要素构成的。在区域创新系统中,这些基本要素在产业技术研究院的创新发展中能为实现科技成果产业化、推进科技创新、提升区域创新能力等方面发挥各自的作用。

二 功能

企业是技术创新的主体,是社会物质产品的生产者和最终提供者,企业引进技术后会把技术转化为现实的生产力,从而推动社会的进步;高校及科研机构是创新技术知识的主要提供者,是技术创新基础知识的发源地;政府是区域创新系统的协调者,政府部门通过提供良好的基础设施和政策环境,并通过合理的资源配置引导技术创新活动,从而达到实现区域科技创新的目标;科技中介服务机构是区域创新系统中连接技术创新主体与技术创新知识源的桥梁,它依据地区创新目标,以专业知识、专门技能为基础,按照市场经济规律,通过资源整合,承担为技术创新主体进行创新服务的任务。科技中介机构不从属于政府机构，政府也不能干预它的市场活动，以保持其在区域创新过程中的中立性、公正性、权威性。

第三节 科技中介及其分类

一 科技中介组织

社会中介组织是指按照一定法律法规，或根据政府委托，遵循独立、公开、公平和公正原则，在社会经济活动中发挥服务、沟通、公证和监督功能，承担具体服务行为、执行行为及部分监督行为的社会组织。

科技中介组织作为社会中介组织中的一类，是指以法律法规为依据，以技术为商品，以推动技术转移、转化和开发为目的，在政府、创新主体、创新源及社会不同利益群体之间，发挥桥梁、纽带作用，面向社会开展技术扩散、成果转化、技术评估、创新资源配置、创新决策和管理咨询等专业化服务的机构[①]。

二 分类

我国科技中介机构大多产生于 20 世纪 80 年代，从功能上大体可划分为三类：一是直接参与服务对象技术创新过程的机构，包括生产力促进中心、创业服务中心、工程技术研究中心、大学科技园等；二是主要利用技术、管理和市场等方面的知识为创新主体提供咨询服务的机构，包括科技评估中心、科技招投标机构、情报信息中心、知识

---

① 马松尧：《科技中介在国家创新系统中的功能及其体系建设》，《科技发展》2004 年第 1 期。

产权事务中心和各类科技咨询机构等；三是主要为科技资源有效流动、合理配置提供服务的机构，包括常设技术市场、人才中介市场、科技市场、技术产权交易机构等。

第四节　科技中介在区域创新系统中的功能

党的十六大报告明确提出，要充分发挥科技是第一生产力的作用，必须完善科技服务体系，加速科技成果向现实生产力转化，推进国家创新体系建设。而区域创新体系是国家创新体系的重要组成部分，一个完善的科技服务体系的建构同样影响到区域创新能力的提升。在这一形势下，科技中介服务的发展显得尤为重要。之所以要大力发展科技中介组织，其目的在于发挥其最大作用，提高科技转化的成功率，促进经济的发展。科技中介服务机构在区域创新系统中的主要功能有以下几个方面：

一　政府科技部门职能的持续与延伸

随着社会主义市场经济体制的建立与完善，政府职能逐渐从微观管理向宏观调控转变，这也是科技中介等社会中介得以产生的背景。科技中介服务组织是背靠政府、依托科技、面向企业尤其是中小企业的非营利的社会化科技服务机构，它体现各级政府的意志，是政府进行间接调控的主要手段之一[①]。

由此可以看出，科技中介服务机构的服务能力直接关系到政府科技管理职能转变的进程，没有与此相适应的科技中介组织承接从政府中转移出来的大量管理职能，政府的职能转变就不可能达到预

---

① 徐顽强等：《区域创新与科技中介服务体系建设》，人民出版社2007年版。

期的效果。

二　促进区域创新体系的建设和发展

随着我国社会主义市场经济体制的日渐完善,企业作为市场经济的主体和技术创新的主体,它们依据市场经济规律独立经营,依法独立承担民事责任,不再是政府的附属物。但我们会发现,在政府与社会之间出现了一个"断层",这个"断层"的存在制约了政府与创新主体间的沟通和互动,也严重制约了各种创新资源优化配置的效率。市场经济体制的运行迫切需要建立一种服务机构来弥补这一"断层",科技中介组织因此应运而生,它是市场经济的产物。它采用非行政行为服务、规范科技创新活动,以此建立政府与不同主体和群体之间的交流和沟通,从而促进国家创新体系运行效率的提高。所以,完善的科技中介服务体系是市场经济体制条件下国家创新系统的重要基础之一,中介服务机构的发展也将有助于区域创新系统的建设。

第五节　发展现状及存在的问题

一　发展现状

科技中介组织又叫科技中介机构,其在第三产业中所占比重是衡量一个国家或地区经济发达程度和未来竞争力的重要指标。据我国科学技术部统计,截止到2017年,全国共有生产力促进中心2000家以上,科技企业孵化器4075家,国家级大学科技园115家,国家级技术转移示范机构200家以上,技术市场管理和技术合同认定登记机构3000多家,创业投资机构600多家,已形成了符合中国国情、功能较为完善的科技中介服务体系[①]。此外，还有相当数量的科技评估机构、风险投资机构、专利代理机构、各类行业协会、专业技术协会等。由此可见，科技中介服务组织在促进科技创新、降低科技投资风险、加快科技成果产业化、提升区域创新能力方面，具有不可忽视的作用。

二　科技中介面临的困难和问题

在当前形势下，科技中介机构的发展规模、服务能力和规范管理方面还面临着诸多困难和问题，难以满足不断增加的社会需求，这些问题突出表现在以下几个方面。

（一）区域性中介机构发展不平衡

由于不同地区经济发展水平、市场化程度存在着较大差异，使得科技中介组织在发展中呈现出发展的不平衡性。一些地方的科技中介机构服务水平已经发展到较高水平，发展数量和规模都已达到一定的程度；但另外一些地方科技中介机构发展较为滞后，难以满足当地在科技发展上的需求。总的来说，经济发展水平、市场化程度较高的地方，其科技中介组织发展水平要高于经济发展水平、市场化程度较低的地区。而且，即便是在同一区域，不同的地方也因经济发展情况的差异导致科技中介机构服务水平的不平衡。

（二）相关法制、政策环境不健全

目前，我国政府对科技中介组织的管理还缺乏完善的法律规范，科技中介在社会主义市场经济体制中的地位还不够明确，关系到科技中介管理及运行的法律法规建设基本处于空白水平。大多数类型的科

---

① 科学技术部火炬高技术产业开发中心：《高新技术产业化及其环境建设"十二五"专项规划》，2012年。

技中介机构的法律地位还不明确，缺乏一套完善的管理运行机制。此外，当前我国对科技中介服务机构职能还没有明确的界定，这也影响了科技中介机构的发展。行业行为不规范，使服务过程中出现的问题与纠纷难以及时解决。此外，缺乏一定的扶持政策，开展科技中介服务的公共信息基础薄弱，公共信息流通不畅等，都削弱了中介服务机构的服务功能。

(三) 机构自身有诸多问题

由于科技中介服务业的公共基础设施薄弱，部分从业人员素质不高，缺乏专业的营销策略和营销手段，专业化、社会化的服务能力比较弱。目前很少有组织完全依靠中介服务满足自身的生存和发展，相当一部分中介服务机构是靠政府资助，还有一部分是依靠多种业务经营方式来维持自身发展。

(四) 政府职能转变还不到位

对微观经济运行干预过多，社会管理和公共服务依旧比较薄弱。政府科技部门对科技中介机构的管理和监督存在着"错位"现象，不能适应新的形势。主要体现在：一方面，政府职能"缺位"。政府部门对科技中介的管理职能主要是建立相关制度，健全有关的法规体系，目前在这方面的管理欠缺。另一方面，政府对不该管的管得太多，存在职能"越位"。这些都严重影响了科技中介机构的正常发展和机制的变革。

(五) 社会对科技中介服务功能认识不足

社会上对科技中介还不够了解，缺乏应有的认识。究其原因，一是人们的思维模式还未转变，企业主体遇事往往还是先找政府，还不习惯依靠市场配置资源，因此中介机构提供的有偿服务往往受到冷遇；二是宣传力度不够，许多宣传仅仅停留在局部或某个行业内部，各行业之间中介机构的功能渗透迟缓，社会影响力较小，服务范围容易受到限制，中介组织的功能作用不能最大限度地发挥出来；三是以往长期存在的计划经济运行机制的影响还尚未消除,在一定程度上制约了科技中介机构的发展。

(六) 人才不能满足发展需求

合格的中介服务人员是保证科技中介服务的关键因素,但我国目前不管是科技人才数量还是质量都存在一些问题。部分从业人员专业能力、知识背景比较单一,缺乏一定的市场理论、系统观念和实践经验。个别服务人员在职业道德上存在问题,加大了社会对所谓的"中介"的误解。

第六节 区域创新中构建科技中介服务体系的对策

一 健全和完善相关法规体系及政策环境

政府应从法律上明确科技中介机构对经济发展和国家竞争力的重要作用。给予科技中介机构明确的法人地位,使其能自主经营自负盈亏;改革现有的人事管理制度,尽快建立适应市场要求的科技人才市场;改革科技成果产权制度,明确科技成果产权;建立健全行业规章制度,促进市场的有序竞争;制定优惠的科技中介服务政策,从税收、信贷等方面予以扶持。

二 进一步转变政府科技管理职能

政府科技管理部门可以通过适当的简政放权,把一些不应该由政府承担的职能完全分离出去,交给科技中介组织承担。这样不仅有利于提高行政效率,还有利于促进政府管理体制改革,真正做到建设服务型政府。政府科技部门应把主要精力放在宏观管理和重大决策上,对科技中介组织的发展加强指导和规划,引导科技中介组织的发展与市场体制结构及产业结构相适应。

三 加强从业人员的培训,提高整体素质

现有大多数科技中介机构的从业人员缺乏从事这一工作所必备的专业知识和实践技能,所以技能培训就显得重要而迫切。政府科技主管部门应做好培训指导,并通过组织一些重点培训项目来提升广大从业者的基本素质。此外,科技中介服务机构也应把人员培训和素质拓展作为立业之本,通过请进来、走出去等多种形式,提高培训成效。

四 重视欠发达地区科技中介体系建设

欠发达地区由于经济发展相对滞后,社会市场化程度不高,中介机构发展缓慢,需要国家给予重点扶持。这类地区科技中介机构的发展不仅对该地区的区域科技创新体系的发展建设具有重要作用,也会对促进政府职能转变,对社会、经济运行模式和机制的创新产生积极而长远的影响。

五 完善市场运行机制

完善我国科技中介组织管理体制,实行政府与科技中介机构之间的有效合作。在政府的正确引导下,发挥科技中介服务行业协会作用,实行行业自律,形成统一、规范的服务流程,按市场经济规律进行开放、流动、竞争、协作有序的市场竞争,使科技中介服务在科技发展战略的实施中发挥桥梁和纽带的作用。

本章小结

科技类中介机构是产业技术研究院的另一大重要组成部分,在区域创新体系建设的科技成果转化方面取得了巨大的成就,对社会经济发展作出了很大的贡献。我国科技类中介机构在近几年得到了较快的发展,但科技类中介服务体系较为薄弱,因此,不可避免地产生了一些服务种类单一、配套设施不完善且组织形式比较简单等问题。本章从区域创新体系的构成要素及其功能、科技中介服务的概念和分类入手,探讨了科技中介在区域创新系统中的作用,并对我国科技中介服务体系目前存在的问题进行了分析。在此基础之上,提出了一些应对问题的对策建议,对于区域创新系统结构的优化和效能的提高具有一定的理论和现实的意义。

第三篇

产业技术研究院绩效评价研究

产业技术研究院是创新型国家进行产学研合作、提高科技能力、促进产业升级、刺激经济发展所必需的创新模式，是推动创新发展和经济提升的不可或缺的重要途径。绩效评价是在对产业技术研究院创新发展的各评价客体系统化的基础上，从输入和产出两个方面来测度其功能和效果是否达到了预期。对产业技术研究院进行科学、有效的评价，推动了创新发展和经济提升；又分析研究院的发展现状，以客观的角度审视其自身发展的不足之处，帮助各参与组织机构把控发展方向，为决策者提供决策依据；同时，能够评价研究院的经营管理状况，使研究院能够长期稳定发展。本篇在以产业技术研究院所处环境、投入、运行、成果水平、经济效益、社会效益、产业竞争力等构建科学严密的绩效评价体系的基础上，分析基于行业差异性的产业技术研究院的发展思路，为各产业提供具有针对性的指导意见，促使行业、企业向高效资源利用的方向运行；分析大中小城市产业技术研究的优劣势，为指导城市产业技术研究院长期、有效、稳定发展，提供了重要的借鉴作用。

第八章 绩效评价模型研究

第一节 绪论

一 国际产业转移机构建立背景

当今世界，国家综合实力的较量日益激烈，"知识经济"的地位也日益突出，知识经济才是日后各个国家进行科技水平对比的标杆。科研机构是产学研合作的实体组织的一种，是促进产业升级的必然选择，大多数发达国家与发展中国家都在积极推动科研机构的建设，通过建立产业技术研究院来加强共性技术、关键技术的研发，促进科技成果的快速产业化、产品化，带动产业升级，孵化科技创新型产业园区。在这种知识经济蓬勃发展的大背景下，世界各国都在积极转变思路，调整科学技术研究的发展方向，各国政府也都在加大对产业技术研究院的投入力度，以实现将最新的核心技术快速应用到企业、社会发展以及社会大众的生活中去。如较早建立科研机构的德国，为了重建、发展振兴第二次世界大战后的经济，提高国家的科研水平，建立了向第二产业——工业、第三产业——服务业以及公共事业单位等提供信息服务的注重技术导向型的应用研究科研机构，能够实现科研成果较快转化，并实现企业的创新性发展。美国政府监管与支持私营资本积极振兴制造业，期间，美国借鉴德国科研机构的运作模式，促进其制造业的投资、生产，设立45家具有相互连接网络平台的制造业创新研究所。作为新兴经济体，巴西面临着新兴产业技术发展滞后、企业缺少科研力量的问题。近几年为改善这一窘境，巴西政府大力投入建设新兴产业、建立创新研究所，加快产业先进技术创新。现在巴西有25家为企业提供先进技术创新服务的创新研究所，有力地推动着巴西科技创新的进程。

二　我国产研院建设背景

1950年后，我国大陆地区积极学习国内外先进研究机构的建设和管理经验，但由于产业技术研究院在我国内地发展才刚刚开始，因此，其发展面临着建设模式、运行机制等许多问题。2011年2月，中共中央政治局委员、国务委员刘延东在全国科技工作会议上指出："要进一步深化科技体制改革，完善科技与经济紧密结合的体制机制，探索政产学研用紧密结合的有效途径，加强科技系统的统筹协调，促进科技资源的优化配置和开放共享；营造宽松和谐的知识创新环境，加大创新人才培养使用力度。"[①] 越来越多的学者开始研究衡量自身实力的指标和方法，发现对研究院进行科学、有效的评价，才能使科研扬长避短。我国的产学研合作从大学科技园，发展到产业联盟、产学研合作、"政产学研用"以及现在的产业技术研究院的构建。政府的大力推动，高校的积极参与，企业的资金支持，是科技成果能够较为快速地向产业、产品转化的最直接的原因，也真正实现了"以市场为导向，政府辅助为方法"的科学的方式，各个主体真正参

---

① 刘延东：《在全国科技工作会议上的讲话：深化科技体制改革，促进科技与经济结合，为加快转变经济发展方式提供科技支撑》，《科技日报》2011年5月24日。

与促进了整体创新能力的快速提高，为我国迈向创新型国家奠定了基石。

绩效评价是在将评价客体系统化的基础上，从系统输入以及系统产出来测量功能和效率是否达到了评价客体最初产生时的期望。对产业技术研究院运行绩效进行科学、客观、全面的评价不仅有助于认清当前产业技术研究院所处的状态，包括实现的功能及运转效率，而且通过与产业技术研究院建设预期目标的比较，有助于发现存在的不足，以帮助各参与主体优化后续研究中的资源投入。

第二节 问题的提出

一 产业技术研究院发展现状

（一）内涵界定

产业技术研究院模式是指由企业、大学、科研机构或其他组织机构，以企业的发展需求和各方的共同利益为基础，以提升产业技术创新能力为目标，以具有法律约束力的契约为保障，形成的联合开发、优势互补、利益共享、风险共担的技术创新合作组织[①]。产业技术研究院与一般研发机构的最大区别就在于它是作为独立的法人机构存在的，正如图8-1所示，产业技术研究院是由政府、高校和科研机构、行业龙头企业及中介机构四个子系统组成，具有获取原组织资源的功能便利，但却又独立于这四个原有组织机构，同时还具有获取原有组织机构的功能便利。政府主导建设下的市场化运行方式赋予了它极其鲜明的特色。政府主导建设决定了研发机构将不以营利为主

---

① 李新男：《创新"产学研结合"组织模式 构建产业技术创新联盟》，《中国软科学》2007年第5期。

要目的，其研发的技术成果在某种程度上也属于公共范畴，有效避免了"市场失灵"。市场化的运行方式又避免了政府的过度干预，采用更加灵活的体制机制以及足够的市场观念将帮助避免"政府失灵"。产业技术研究院还具有一定的地方区域特色，通过利用地方的资源配置致力于具有地方特色关键共性技术的研发，注重科技成果产业化，提供新兴产业的技术需求，有效解决中小企业自主创新能力不足的问题，对于地方的创新水平以及经济发展都起到了巨大的推动作用。

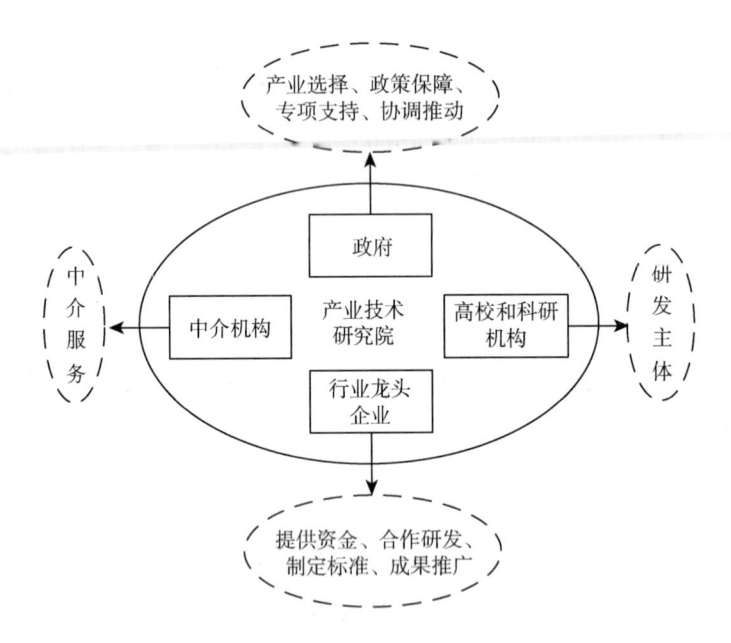

图 8-1 产业技术研究院的机构组成及相应分工

(二) 发展进程

2011年2月，中共中央政治局委员、国务委员刘延东在全国科技工作会议上指出："要进一步深化科技体制改革，完善科技与经济紧密结合的体制机制，探索政产学研用紧密结合的有效途径。"本次大会对最初的产学研合作模式又特别强调了政府及目标用户的作用，这实际上是在进一步完善资源的配置方式。随着我国社会主义市场经济体制的逐渐完善,通过政府和市场的共同作用有助于将"政策""资金""技术""人才""服务"等创新要素进行更加紧密的融合,促使创新能力的提升。同时,目标用户的加入将进一步增强技术与经济的结合效果,提高技术成果的转化效率。正如图8-1所示,作为创新要素集聚的平台,产业技术研究院无疑是实现政产学研用有效结合的最佳途径。

我国部分地区从20世纪后期便开始尝试产业技术研究院的建设,从1998年北京清华工业开发研究院成立到现在,我国许多省市的产业技术研究院的建设都取得了很多不错的成效,例如北京清华工业开发研究院、深圳清华大学研究院、浙江清华长三角研究院及河北清华发展研究院等,这些产业技术研究院各具特色且与当地的优势产业进行了紧密结合,对于区域创新能力的提高及地方经济的发展都起到了重要的推动作用。目前,我国许多省市区都已开始研究学习国内外先进产业技术研究院的成功经验,但就我国产业技术研究院的总体建设而言,与国外发达国家相比,依然处在初步探索阶段。许多地区产业技术研究院的建设都面临着发展定位不够清晰、管理体制机制不够科学完善、产业技术研究院自身难以独立以及技术成果转化效率低下等一系列迫切需要解决的问题,产业技术研究院的建设处在艰难探索前行之中。

二 绩效评价研究现状

(一)主要研究内容

目前,国内外学者对产业技术研究院的研究还比较有限,在中国知网输入关键词"产业技术研究院"检索可知,截至2014年3月,在国内各大中文期刊上发表的有关产业技术研究院的论文还只有37篇。

其中大部分对产业技术研究院的作用、建设的原则和方法进行了一定探讨，但是较少对产业技术研究院进行绩效评价研究。具有一定参考价值的相似研究主要集中在产学研合作绩效评价方面，包括产学研合作绩效评价的内涵、产学研合作绩效评价的理论模型、构建产学研合作项目绩效评价的指标体系的原则、产学研合作项目的绩效评价方法等四个方面。例如 Kerssens-van Drongelen（1999）指出绩效评价是对有关企业目标和计划的实现程度以及影响这些目标和计划实现的因素的信息的获取和分析[1]。Simon Philbin（2008）则认为把利益相关者满意度纳入产学研合作绩效评价的内容中是较为合理的[2]。Bonaccorsi 和 Piccaluga（1994）作为最早提出评价产学研合作绩效的模型框架的学者，认为产学研合作是以企业对合作的期望为基础的，只有合作的技术创新成果符合企业的期望才具有高效率和有效性，因此可以通过对比期望与实际成果来评价产学研合作的绩效[3]。曹静等（2010）立足投入—转换—产出的评价模型，从要素和过程两个层次分析产学研结合技术创新绩效的影响因素，构建了产学研结合技术创新绩效的影响因素模型。其中，要素投入包括合作创新各经济主体、技术环境、政策法律支持、市场环境四个维度；而转换过程则包括产学研合作模式和产学研合作机制两个维度[4]。金芙蓉等（2009）指出财务指标的数据在产学研合作绩效评价方面难以获取，因此在指标体系构建里面不利于被采用[5]。罗必良等（2009）同时也指出产学研合作的许多价值

---

[1] Drongelen K. V., Bilderbeek I. C., "R & D Performance Measurement: More than Choosing a set of Metrics", *R & D Management*, 1999, 29（1）: 35 – 46.

[2] Philbin S., "Measuring the Performance of Research Collaborations", *Measuring Business Excellence*, 2008, 12（3）: 16 – 23.

[3] Bonaccorsi A., Piccaluga A., "A Theoretical Framework For The Evaluation Of University-Industry Relationships", *R & D Management*, 1994（24）: 229 – 247.

[4] 曹静、范德成、唐小旭：《产学研结合技术创新绩效评价研究》，《科技进步与对策》2010 年第 4 期。

[5] 金芙蓉、罗守贵：《产学研合作绩效评价指标体系研究》，《科学管理研究》2009 年第 6 期。

（如隐性知识转移）无法直接用经济指标准确计算。因此在构建指标体系时会更多地考虑使用非财务指标[①]。于明政（2007）认为各指标对绩效的贡献程度不同，因此可以使用加权的方法计算绩效指数来反映合作的真实绩效，并指出了指标权重的确定方法主要有三种，包括主观赋权法、客观赋权法以及组合赋权法[②]。产业技术研究院的发展目前还处在初步探索阶段，对它进行绩效评价还缺乏直接的理论指导。产业技术研究院是实现政产学研用协同创新的最新模式，因此借鉴研究相对成熟的产学研绩效评价成果对产业技术研究院进行绩效评价研究具有一定的指导意义。

（二）存在的问题

对产业技术研究院进行绩效评价是丰富产业技术研究院理论研究、提升产业技术研究院应用实际不可或缺的一部分。在产业技术研究院绩效评价模型的构建方面，虽然也可以参考产学研合作绩效的研究成果，但却也不能照搬，存在的问题主要表现为以下四个方面：

第一，产业技术研究院是实现政产学研用的平台和途径。因此对产学研合作绩效进行评价的某些指标并不一定适用于对产业技术研究院进行评价。

第二，产业技术研究院是实现政产学研用的最新模式，而绩效评价却只能反映过去或现在的功能和效率，具有一定的滞后性。因此对新生事物的绩效评价如果继续沿用过去的指标体系，肯定会对评价结果的科学性造成不利影响。

第三，产业技术研究院具有一定的区域特色。产业技术研究院的建立就是为了辅助地方优势特色产业发展，为其提供先进技术的支持。因此地方的环境因素也是产业技术研究院进行绩效评价时不可忽视的

---

① 罗必良、欧晓明：《合作机理、交易对象与制度绩效》，中国农业出版社 2009 年版。
② 于明政：《地方科技计划项目绩效评估指标体系研究与应用》，硕士学位论文，重庆大学，2007 年。

一方面。

第四,产业技术研究院是具有独立法人资格的研究机构,只有通过良好的运行机制才能更好地实现资源的优化配置,提高成果转化的效率。因此,产业技术研究院的运行也是绩效评价的重要方面。

第三节 绩效评价体系

一 指标建立

对产业技术研究院绩效评价系统进行研究,可以从产业技术研究院的投入、运行及产出来进行评价。产业技术研究院的产出不仅需要考虑它的成果水平、经济效益,还需要考虑它的社会效益,此外由于产业技术研究院肩负着产业结构优化升级的使命,因此,研究成果的产业竞争力也是不可忽视的重要指标。作为政府积极引导产学研合作创新的一种组织模式,政府针对地方产业特色选择产业、给予政策保障及专项支持是其建立和运行的基础,对产业技术研究院进行绩效评价还需考虑它的环境因素。为此,根据指标体系建立的科学性、可操作性、动态性、通用可比性、政策导向性等原则,将产业技术研究院绩效评价的总目标分解为7个一级指标:产业技术研究院所处环境、产业技术研究院投入、产业技术研究院运行、产业技术研究院成果水平、产业技术研究院经济效益、产业技术研究院社会效益及产业技术研究院产业竞争力,它们之间的关系如图8-2所示。

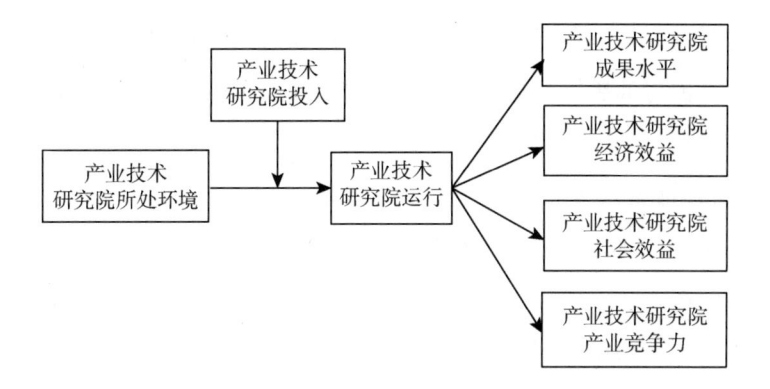

图 8-2 产业技术研究院绩效评价的一级指标

二 指标分析

(一) 所处环境

产业技术研究院的良好运行离不开其所处的环境，法律保障、地方政府政策引导以及为保障科研资金供给而制定的专项科技计划都能够反映政府对产业技术研究院的支持力度。同时，地方产业特色、科技中介服务机构服务质量也都是非常重要的环境因素。这些都可以作为产业技术研究院所处环境的二级指标。

(二) 投入

产业技术研究院的投入主要是指各合作方人力、物力、财力的投入，也就是土地、房屋建筑、科研仪器设备，等等。

(三) 运行

运行是指依靠产业技术研究院环境优势通过计划、领导、组织及控制等有效行为方式对投入资源进行整合，以期实现产出效率最大化。具体说来主要包括产业技术研究院的发展定位与特色、管理体制与运行机制、参与成员的沟通协调能力、技术创新的激励程度以及地方政府的保护程度等。其中，发展定位与特色代表了今后产业技术研究院的前进方向，管理体制与机制是运行的核心，参与成员的沟通协调能力、技术创新的激励程度以及地方政府的保护程度则是运行的内在驱动力量。

（四）成果水平

产业技术研究院的产出包括科技论文发表数、技术成果先进程度、专利申请授权数、建立行业技术标准及创新政策制度等一系列反映成果水平的二级指标。

（五）经济效益

产业技术研究院的经济效益是指实现研究院科研技术成果产业化所带来的收益。体现新产品经济效益的指标主要包括新产品的利润贡献率、新产品的市场占有率、单位产品的成本降低率、研究院技术转让及专利许可所带来的收入、未来的及进行成果转化的技术成果以后可能带来的联盟潜在净收益。

（六）社会效益

除了经济效益外，产业技术研究院的运行绩效还体现在社会效益上，主要包括突破制约产业发展的关键共性技术瓶颈、避免科研单位的重复建设及促进基础学科的发展、生态环保建设以及联盟联合人才的培养。

（七）产业竞争力

增强产业竞争力是产业技术研究院最初成立的目的之一，主要体现在产业技术创新能力的提高、产业链的完善、产业内高级人才的扩充及培育产业内知名品牌和产品四个方面。

第四节 指标权重的确定

一 层次分析法原理

层次分析法（Analytic Hierarchy Process，简称 AHP）是一种以人的经验思维为主而进行判断的定性与定量相结合的方法，该方法是美国运筹学家匹茨堡大学教授萨蒂于 20 世纪 70 年代初提出的。由于产业技术研究院的绩效评价无法直接通过准确计量来求得，通过对产业技术研究院的本质、影响因素及其内在关系等进行深入分析，利用较少的定量信息使决策的思维过程数学化，最终实现指标的量化排序。从而为决策者确定研发投入、优化运行以及提高运行绩效指明了方向。

二 层次分析法步骤

运用层次分析法分析解决问题，大体分为以下五个步骤：

第一，在深入分析产业技术研究院本质、影响因素及其内在关系基础上，建立产业技术研究院运行绩效评价的层次结构模型。

第二，对同一层次的指标关于上一层次指标的重要性进行判断比较，构造两两比较矩阵。

第三，计算判断矩阵并确定关于上一层次指标的相对权重。

第四，对判断进行一致性检验。

第五，计算各层次指标对产业技术研究院绩效评价的合成权重并加以排序，以确定最底层指标在产业技术研究院绩效评价中的重要程度。

三　层次结构模型

根据步骤一，按各指标的关系建立产业技术研究院绩效评价的层次结构模型如表8-1所示，共分为A、B、C三层。

表8-1　　　　产业技术研究院绩效评价指标体系

产业技术研究院绩效评价指标体系 A						
产业技术研究院所处环境 B_1	产业技术研究院投入 B_2	产业技术研究院运行 B_3	产业技术研究院成果水平 B_4	产业技术研究院经济效益 B_5	产业技术研究院社会效益 B_6	产业技术研究院产业竞争力 B_7
法律保障 C_1 地方政府政策引导 C_2 专项科技计划 C_3 地方产业特色 C_4 科技中介服务机构服务质量 C_5	土地、房屋建筑 C_6 科研仪器设备 C_7 其他资金投入 C_8 人才数量及科研能力 C_9	发展定位与特色 C_{10} 管理体制与机制 C_{11} 参与成员的激励程度 C_{12} 技术创新的沟通协调能力 C_{13} 知识产权保护 C_{14}	科技论文发表数 C_{15} 技术成果先进程度 C_{16} 专利申请授权数 C_{17} 建立行业技术标准 C_{18} 创新政策制度 C_{19}	新产品的利润贡献率 C_{20} 新产品的市场占有率 C_{21} 单位产品的成本降低率 C_{22} 研究院技术转让及专利许可收入 C_{23} 联盟潜在净收益 C_{24}	突破关键共性技术瓶颈 C_{25} 避免科研单位的重复建设 C_{26} 促进基础学科的发展 C_{27} 生态环保建设 C_{28} 联盟联合人才培养 C_{29}	产业技术创新能力的提高 C_{30} 产业链的完善 C_{31} 产业内高级人才的扩充 C_{32} 培育产业内知名品牌和产品 C_{33}

四　构造两两比较矩阵

根据所建立的层次结构模型对各指标的重要性进行两两比较，以上一层次的指标为基准，对下一层次的指标进行相对重要性赋值，构造判断矩阵。此时为了使决策判断定量化，本章使用1—9标度法，其中各个数值选取的含义如表8-2所示。

表 8-2　　　　　　　　　　相对重要性标度

标度 a_{ij}	定义
1	i 因素与 j 因素同等重要
3	i 因素比 j 因素略重要
5	i 因素比 j 因素较重要
7	i 因素比 j 因素非常重要
9	i 因素比 j 因绝对重要
2, 4, 6, 8	上述相邻判断的中间值
倒数	若因素 j 与 i 的重要性比为 a_{ij}，则 $a_{ji}=1/a_{ij}$

判断矩阵的构建离不开人们主观经验的判断，在这个过程中必须要有各行各业专家的参与，集合专家经验知识来进行相对重要性赋值才能保证数据的精确有效，分析的结果才能用于决策的制定。本章在设计好评价指标体系后，从产业技术研究院的组成成员——政府、企业、科研机构及高校各邀请了一位专家对该指标体系的两两比较矩阵进行判断，得到了4份专家判断矩阵表，然后通过对4位评审专家构造的判断矩阵进行加权平均，最终得到的结果见表8-3—表8-10。

表 8-3　　　　产业技术研究院运行绩效（A）目标层

A	B_1	B_2	B_3	B_4	B_5	B_6	B_7	W	
产业技术研究院所处环境 B_1	2	1/5	1/3	1/4	1/4	1/4		0.0502	
产业技术研究院投入 B_2	1/2	1	1/4	1/2	1/3	1/3	1/3	0.0519	CI = 0.0405
产业技术研究院运行 B_3	5	4	1	2	1	1	1	0.2008	
产业技术研究院成果水平 B_4	3	2	1/2	1	1/2	1/2	1/2	0.0980	
产业技术研究院经济效益 B_5	5	3	1	3	1	2	2	0.2547	CR = 0.0307
产业技术研究院社会效益 B_6	4	3	1	2	1	1	1	0.1697	
产业技术研究院产业竞争力 B_7	4	3	1	2	1/2	1		0.1751	

表 8-4　　　产业技术研究院所处环境（B_1）准则层下

B_1	C_1	C_2	C_3	C_4	C_5	W	
法律保障 C_1	1	1/3	1/2	1/3	3	0.1590	CI = 0.0847
地方政府政策引导 C_2	3	1	2	1	5	0.3971	
专项科技计划 C_3	2	1/2	1	1/3	4	0.2505	
地方产业特色 C_4	1/3	1/5	1/4	1	1/3	0.0555	CR = 0.0756
科技中介服务机构服务质量 C_5	1/2	1/4	1/4	1/3	3	0.1379	

表 8-5　　　产业技术研究院投入（B_2）准则层下

B_2	C_6	C_7	C_8	C_9	W	
土地、房屋建筑 C_6	1	1/3	3	1/5	0.1210	CI = 0.0676
科研仪器设备 C_7	3	1	4	1/3	0.2516	
其他资金投入 C_8	1/2	1/4	1	1/7	0.0637	CR = 0.0751
人才数量及科研能力 C_9	5	3	7	1	0.5637	

表 8-6　　　产业技术研究院运行（B_3）准则层下

B_3	C_{10}	C_{11}	C_{12}	C_{13}	C_{14}	W	
发展定位与特色 C_{10}	1	1	3	2	5	0.3249	CI = 0.0375
管理体制与机制 C_{11}	1	1	3	2	5	0.3249	
参与成员的沟通协调能力 C_{12}	1/3	1/3	1	2	3	0.1580	
技术创新的激励程度 C_{13}	1/2	1/2	1/2	1	3	0.1371	CR = 0.0335
地方政府的保护程度 C_{14}	1/5	1/5	1/3	1/3	1	0.0550	

表 8-7　　　产业技术研究院成果水平（B_4）准则层下

B_4	C_{15}	C_{16}	C_{17}	C_{18}	C_{19}	W	
科技论文发表数 C_{15}	1	3	1/3	4	5	0.2655	0.0411
技术成果先进程度 C_{16}	1/3	1	1/4	2	3	0.1248	
专利申请授权数 C_{17}	3	4	1	5	6	0.4796	
建立行业技术标准 C_{18}	1/4	1/2	1/5	1	2	0.0786	0.0367
创新政策制度 C_{19}	1/5	1/3	1/6	1/2	1	0.0514	

表 8 – 8　　产业技术研究院经济效益（B_5）准则层下

B_5	C_{20}	C_{21}	C_{22}	C_{23}	C_{24}	W	
新产品的利润贡献率 C_{20}	1	3	4	5	6	0.4777	CI = 0.0574
新产品的市场占有率 C_{21}	1/3	1	3	3	5	0.2514	
单位产品的成本降低率 C_{22}	1/4	1/3	1	2	4	0.1343	
研究院技术转让及专利许可收入 C_{23}	1/5	1/3	1/2	1	3	0.0908	CR = 0.0512
联盟潜在净收益 C_{24}	1/6	1/5	1/4	1/3	1	0.0458	

表 8 – 9　　产业技术研究院社会效益（B_6）准则层下

B_6	C_{25}	C_{26}	C_{27}	C_{28}	C_{29}	W	
突破关键共性技术瓶颈 C_{25}	1	5	3	4	3	0.4531	CI = 0.0388
避免科研单位的重复建设 C_{26}	1/5	1	1/3	2	1/3	0.0864	
促进基础学科的发展 C_{27}	1/3	3	1	3	1	0.1957	
生态环保建设 C_{28}	1/4	1/2	1/3	1	1/3	0.0691	CR = 0.0347
联盟联合人才培养 C_{29}	1/3	3	1	3	1	0.1957	

表 8 – 10　　产业技术研究院产业竞争力（B_7）准则层下

B_7	C_{30}	C_{31}	C_{32}	C_{33}	W	
产业技术创新能力的提高 C_{30}	1	1/2	2	2	0.2761	CI = 0.0404
产业链的完善 C_{31}	2	1	2	2	0.3905	
产业内高级人才的扩充 C_{32}	1/2	1/2	1	2	0.1953	CR = 0.0449
培育产业内知名品牌和产品 C_{33}	1/2	1/2	1/2	1	0.1381	

五　确立各准则层下指标权重

依照表 8 – 2 构造的判断矩阵最终都属于正互反矩阵，这类矩阵有一个特点，就是最大特征值及对应的特征向量存在且唯一，且利用 Matlab 编程很容易计算各判断矩阵的最大特征值及对应的特征向量并同时进行一致性检验。其中，所得的特征向量即为产业技术研究院层次结构模型各指标层下的指标权重，一致性检验是为了防范在对指标进行重要性赋值时出现有违常识的判断而做出的必要性检验。一致性检验主要包括以下三个步骤：

（一）计算一致性指标 CI

$CI = \dfrac{\lambda_{max} - n}{n - 1}$，其中 λ_{max} 为判断矩阵的最大特征值，n 为判断矩阵的维数。

（二）确定平均随机一致性指标 RI

表 8－11 给出了 1—8 阶矩阵的平均随机一致性指标。

表 8－11　　　　　　平均随机一致性指标 RI

矩阵阶数	1	2	3	4	5	6	7	8
RI	0	0	0.58	0.90	1.12	1.24	1.32	1.41

（三）计算一致性比例 CR

CR = CI/RI，只有当 CR < 0.1 时，判断矩阵才通过了一致性检验。

本章确定的各准则层下指标权重在表 8－3—表 8－8 中一一列出，且均通过了一致性检验。

第五节　运行绩效的评价模型

一　综合权重

根据专家评审小组确定的各指标量化得分及本章所确定的各指标相应的权重，便可以得出综合量化分的计算公式

$$综合量化分 = \sum_{i=1}^{31} C_i W_i$$

其中 C_i 为专家评审小组对某产业技术研究院各具体指标的实际赋分值，W_i 为本章所确定的层次 C 中各指标的总权重。本章确定的指标总权重如表 8-12 所示。

表 8-12　　　　　产业技术研究院绩效评价指标总权重

层次		所处环境 B_1	投入 B_2	运行 B_3	成果水平 B_4	经济效益 B_5	社会效益 B_6	产业竞争力 B_7	
层次 C		0.0502	0.0519	0.2008	0.0980	0.2547	0.1697	0.1751	W_i
法律保障	C_1	0.1590							0.0080
地方政府政策引导	C_2	0.3971							0.0199
专项科技计划	C_3	0.2505							0.0126
地方产业特色	C_4	0.0555							0.0028
科技中介服务机构服务质量	C_5	0.1379							0.0069
土地、房屋建筑	C_6		0.1210						0.0063
科研仪器设备	C_7		0.2516						0.0131
其他资金投入	C_8		0.0637						0.0033
人才数量及科研能力	C_9		0.5637						0.0293
发展定位与特色	C_{10}			0.3249					0.0652
管理体制与机制	C_{11}			0.3249					0.0652
参与成员的沟通协调能力	C_{12}			0.1580					0.0317
技术创新的激励程度	C_{13}			0.1371					0.0275
地方政府的保护程度	C_{14}			0.0550					0.0110
科技论文发表数	C_{15}				0.2655				0.0260
技术成果先进程度	C_{16}				0.1248				0.0122
专利申请授权数	C_{17}				0.4796				0.0470

续表

层次		所处环境 B₁	投入 B₂	运行 B₃	成果水平 B₄	经济效益 B₅	社会效益 B₆	产业竞争力 B₇
建立行业技术标准	C_{18}				0.0786			0.0077
创新政策制度	C_{19}				0.0514			0.0050
新产品的利润贡献率	C_{20}					0.4777		0.1217
新产品的市场占有率	C_{21}					0.2514		0.0064
单位产品的成本降低率	C_{22}					0.1343		0.0342
研究院技术转让及专利许可收入	C_{23}					0.0908		0.0231
联盟潜在净收益	C_{24}					0.0458		0.0117
突破关键共性技术瓶颈	C_{25}						0.4531	0.0769
避免科研单位的重复建设	C_{26}						0.0864	0.0147
促进基础学科的发展	C_{27}						0.1957	0.0332
生态环保建设	C_{28}						0.0691	0.0117
联盟联合人才培养	C_{29}						0.1957	0.0332
产业技术创新能力的提高	C_{30}							0.2761	0.0483
产业链的完善	C_{31}							0.3905	0.0684
产业内高级人才的扩充	C_{32}							0.1953	0.0342
培育产业内知名品牌和产品	C_{33}							0.1381	0.0242

二　指标分析

在列出的33个二级指标中，指标权重最大的是新产品的利润贡献率，达到12.17%，这主要考察了研究院研发的新产品对企业利润的贡献情况，从侧面反映了研究院致力于技术成果产业化的目标。紧随其后的是突破关键共性技术瓶颈、产业链的完善、管理体制与机制及发展定位与特色，均达到了6%以上。突破关键共性技术瓶颈及产业链的完善是研究院研发创新的重点，后两个指标均属于产业技术研究院运行的重要方面，管理体制与机制是研究院运行的核心，发展定位与特色则决定了研究院的发展方向及研究领域。各产业技术研究院应结合自身实际情况，根据本章所确立的指标权重进行优化。

本章小结

产业技术研究院作为实体组织的一种，是产学研发展的新型模式，德国、美国、巴西等国家和地区相继建立产业技术研究院，以促进共性技术和关键技术研发，实现科技成果较快转化，刺激产业升级。我国产业技术研究院发展较晚，而对产业技术研究院进行绩效评价既能丰富产业技术研究院理论研究，又可以提升产业技术研究院应用水平。本章在介绍产业技术研究院的内涵以及发展现状的基础上，以产业技术研究院的运行绩效为研究视角，进一步构建了由所处环境、投入、运行、成果水平、经济效益、社会效益、产业竞争力等一级指标组成的产业技术研究院绩效评价指标体系。该指标体系涉及的领域较为全面，涵盖了产业技术研究院区别于产学研及其他科研机构的特殊性质，能够客观反映出产业技术研究院的运行绩效。采用层次分析法对所设计的指标体系进行分析处理，得出了产业技术研究院绩效评价指标的量化权重，最后构建了产业技术研究院绩效评价模型，该模型对产业技术研究院确定研发内容、优化运行方式以及提升运行绩效具有一定的指导意义。

第九章 行业产业技术研究院绩效评价

第一节 绪论

一 行业产学研合作创新背景

产学研合作是世界科技强国创新体系中的重要组成部分,把建立以企业为主体、产学研结合的技术创新体系作为国家创新体系建设的突破口[1]。但是,我国的企业与科研院所、高等院校的产学研合作存在合作关系不密切、企业缺乏积极性、合作效率低等问题,仅仅停留在技术转让、开发或委托开发等较低层次的合作上。资源未能充分合理利用、合作缺乏市场向导、高校和科研院所成果转化率低的问题至今仍未得到有效的解决[2]。

我国产业技术研究院的发展往往以服务行业产业转移为主,因此,产业技术研究院的成立必然不能脱离相关的产业。在我国相关产业扶持政策支持下,围绕汽车、新能源、精细化工等行业的产业技术研究院在各省陆续建立起来。如:四川省会成都新能源产业技术研究院,

---

[1] 李海静、邱廷华:《山东化工产学研服务平台的研建》,《山东化工》2014年第8期。
[2] 朱茜、董洁、邱光宇:《产学研合作创新模式研究——以江苏大学"1863"产学研合作创新模式为例》,《科技进步与对策》2010年第23期。

规划确定发展新能源这一战略性新兴产业，并以建设新能源产业技术研究院为主要举措，加强新能源产业共性技术供给，取得了较好的成效。河北的数据产业研究机构，是对数据产业进行研究的专业部门，它以产业共性技术、关键技术为对象，以推进产业升级为目标，其建成与发展在不同程度上对河北产业布局、技术进步、科技创新、新兴产业孵化和人才培育有很大推动作用。深圳市深化产业结构调整对科技创新提出了新要求，创建以工业技术研究院为核心的新型技术创新联盟，为科技创新提供组织支撑体系。

现阶段，国内大部分磷化工企业对最新科研成果的利用能力有限。主要原因是政府与企业的扶植力度不够。再加上，企业生产线缺少专业性的技术型人才，尤其是化工行业的高学历人才较少，再者是企业对具有高技术能力的人才的重视力度不够，造成了严重的人才流失现象，这更削弱了行业科研成果的转化能力。

产学研合作是建立在政府的财政支持、高校的人才保障以及企业的技术需求等各方核心技术能力的基础之上。其中，高校、科研机构对最前沿的技术创新和技术开发具有权威性，优势明显，政府能够从更为宏观的层面把控资源的配置与资金的流转；企业对生产和市场需求有更加专业和准确的定位。因此，政府、高校、科研机构、企业能发挥其各自的优势，促进产学研合作的成功，进而达到各主体利益最大化的最优结果。现实却是，由于校企信息交换不及时，高校的科研激励机制不完善等问题而造成科研人员的最新科研成果不能及时得到转化。另外，大学的职称评审机制、科研激励机制对论文数量、质量的要求更高，而企业则关注项目技术是否具有的市场利益及市场前景，二者因目标不同侧重也不同，最终导致科研成果被搁置[①]。

---

① 罗正祥：《工程教育专业认证及其对高校实践教学的影响》，《实验室研究与探索》2008年第6期。

二 磷化工产学研合作现状

中国磷化工企业总数在 500 家以上，磷化工产品年产量约 400 万吨，产品有 80 多个品种、100 多种规格。许多磷化工业品，如黄磷、磷酸、三聚磷酸钠、次磷酸钠的生产能力和产量已跃居世界第一和第二。我国磷化工产量大，品种单一，技术落后。在改革开放以后，我国磷化工产业的发展步伐愈发缓慢，而国外大型磷化工企业有着更高超的技术优势。为解决这一现状，建立完整的、先进的现代磷化工业体系，不断完善磷化工产业链，构建具有磷化工行业特征的产业技术研究院具有十分重大的意义。

湖北省磷化工研究院是按公益性研究、市场化项目、公司化体制三位一体机制运行的，具有社团法人性质的股份制研发机构，具有公益性与经营性相结合的特点。湖北省磷化工产业技术研究院集成宜昌市、兴发集团、湖北大学、武汉工程大学和三峡大学等协同单位的人才、资本和信息资源，"立足宜昌，面向湖北，走向全国"，服务地方磷化工产业，提升全省磷化工产业技术创新能力。

湖北省磷化工产业技术研究院产学研合作创新模式有效利用高校、企业、政府各方资源进行了次磷酸钠副产物的综合利用技术开发、黄磷尾气的净化处理和综合利用技术开发、磷石膏的综合利用技术研究、磷矿中伴生资源碘氟硅镁的回收利用技术研究、湿法磷酸精制技术研究等；开展了复合磷酸盐的配方研究，功能性磷酸盐的应用研究，磷酸盐在医药行业的应用研究，磷化物、磷酸及磷酸盐在电子行业的应用研究；开展了有机磷水处理新产品开发、有机磷表面活性剂、有机磷阻燃剂的研究。解决了产学研合作中的瓶颈问题，产生了技术创新和产业化成果，取得了良好的经济效益和社会效益。

磷化工产业从供给侧领域逐渐渗透到越来越多的工业生产部门中，

使得新兴产业、国防、尖端科技生产以及人民的日常生活无不涉及磷化工产品,因此,磷化工产业在国民经济中发挥着越来越重要的作用。然而,随着我国磷化工产业的迅速发展,磷矿资源的不可再生性以及工业生产过程中资源浪费严重的问题正日益突出。在经济新常态与供给侧改革呼声高涨的环境下,资源节约、环境友好、供给灵活的高质量发展应该成为今后磷化工产业的发展方向,发展方式应由追求数量、规模转移到质量、效益上来[1]。产业技术研究院是指由企业、大学、科研机构或其他组织机构,以企业的发展需求和各方的共同利益为基础,以提升产业技术创新能力为目标,以具有法律约束力的契约为保障,形成的联合开发、优势互补、利益共享、风险共担的技术创新合作组织[2]。磷化工产业技术研究院的设立旨在解决磷化工产业存在的关键技术问题与共性问题,进行技术改革创新从而实现磷矿资源的高效利用与成果的高效转化,最终实现磷化工产业的可持续发展。我国磷化工产业技术研究院的建设还处在探索阶段,在建设发展的过程中面临着思想认识、发展定位、建设模式、体制机制等问题[3]。对于磷化工产业技术研究院的绩效评价研究还比较少,而科学有效的绩效评价恰好是磷化工产业技术研究院明确其发展导向、提高自主创新水平、完善体制机制的必要途径。

三 学者观点

目前,针对产业技术研究院绩效评价的研究还比较有限,而产业技术研究院是由产学研合作发展而来的一种新模式,国内外学者关于

---

[1] 肖灵机、汪明月、万玲:《经济新常态下我国新兴产业创新发展路径研究》,《科技进步与对策》2015年第22期。

[2] 李新男:《创新"产学研结合"组织模式 构建产业技术创新联盟》,《中国软科学》2007年第5期。

[3] 于树江:《产业技术研究院运行绩效评价研究》,《人力资源管理》2014年第5期。

产学研绩效评价的研究比较多，对产业技术研究院的绩效评价有一定的参考价值。在研究对象方面，主要从不同地域的产学研合作项目进行研究。梁耀明等[1]通过对广东省24个产学研项目进行绩效评价，分析得出广东省产学研项目整体水平较高，但是缺少特色项目的结论；孙萍等[2]通过对辽宁省与国内其他省份的产学研整体的绩效进行排序，指出辽宁省产学研合作的基础投入不足；李雷鸣等[3]对包含青岛市在内的10个城市的产学研合作绩效进行横向评价，结果表明投入不合理、创新成果转化不足是主要问题。从指标体系构建来看，范德成等[4]从投入产出角度来考虑，构建了产学研合作绩效评价定量指标体系；曹静等[5]考虑到产学研合作过程的影响，将产学研的合作模式和合作机制引入到评价指标体系中；李雷鸣等[6]将环境因素作为影响产学研合作的因素，并从经济环境、技术环境、教育环境等方面构建了评价指标。国内外学者对于评价方法的应用，有定性方法，如层次分析法[7]、德尔菲法[8]等，也有定量的方法，如 DEA（数据包络分析法）[9]、

---

[1] 梁耀明、张叶平、王浩：《产学研合作绩效综合评价研究》，《科技进步与对策》2014年第5期。

[2] 孙萍、张经纬：《基于熵值法的辽宁省产学研合作综合绩效实证分析》，《科技管理研究》2015年第9期。

[3] 李雷鸣、于跃、刘丙泉：《基于 AHP–熵值法的青岛市产学研合作创新绩效评价研究》，《科技管理研究》2014年第15期。

[4] 范德成、唐小旭：《我国各省市产学研结合技术创新的绩效评价》，《科学学与科学技术管理》2009年第1期。

[5] 曹静、范德成、唐小旭：《产学研结合技术创新绩效评价研究》，《科技进步与对策》2010年第7期。

[6] 李雷鸣、于跃、刘丙泉：《基于 AHP–熵值法的青岛市产学研合作创新绩效评价研究》，《科技管理研究》2014年第15期。

[7] 温平川、蔡韵：《基于 AHP 模糊综合评判的产学研合作项目风险评估模型》，《统计与决策》2011年第1期。

[8] 秦树文、肖桂云：《网络环境下高校产学研合作绩效评价探析》，《中国报业》2012年第12期。

[9] 梁嘉明、陈光华：《基于 DEA 方法的广东省产学研合作研发创新效率研究》，《科技管理研究》2014年第15期。

熵值法[1]等，还有综合以上两种或几种方法的综合评价方法[2][3]。定性的分析方法主观性较强，而且区域间产业技术研究院资源配置存在较大差异，单纯的定性分析方法应用于产业技术研究院可行性较低。定量分析方法的评价结果客观性较强，但是上述文献的定量分析方法的共同特征在于依赖国内统计部门公开的统计年鉴，为其提供可作为模型方法运用的原始材料。而对于处于发展初期的产业技术研究院而言，缺乏具有价值的官方统计数据作为基础，因此，通过对大量原始数据统计分析得出结论的定量分析方法也不适合当前产业技术研究院绩效评价的研究。

为了对磷化工产业技术研究院综合绩效进行科学有效的评价，本章试图在深入分析磷化工行业特性与磷化工产业技术研究院功能定位的基础上构建相对合理的评价指标体系，将定性的层次分析法与定量的投入产出法结合起来对磷化工产业技术研究院绩效进行综合评价。这种针对特定行业的指标体系更具针对性，指标权重更加准确，评价方法不仅克服了单纯定性方法主观性强的缺点，而且避免了定量分析需要大量数据支撑的难题，投入产出法所构建的模型简单明确，在当前官方数据非常有限的背景下，仅通过少量数据便可以完成对磷化工产业技术研究院绩效的评价研究。

第二节 产业技术研究院行业价值

产业技术研究院的行业价值是指基于行业差异性的产业技术研究

---

[1] 张玉宽：《湖北省高技术产业产学研合作绩效评价研究》，硕士学位论文，中国地质大学，2012年。

[2] 李雷鸣、于跃、刘丙泉：《基于 AHP－熵值法的青岛市产学研合作创新绩效评价研究》，《科技管理研究》2014年第15期。

[3] 范德成、唐小旭：《我国各省市产学研结合技术创新的绩效评价》，《科学学与科学技术管理》2009年第1期。

院功能结构的不同而产生的价值。不同行业的发展现状与发展目标是存在较大区别的，不同行业发展目标的差别必然导致行业产业技术研究院的功能定位不一，基于行业差异视角下的行业产业技术研究院的研究对于行业竞争力的提升有着至关重要的作用。

一　行业分类及其差异性表现

我国的行业分类非常多，种类过于复杂，但是依据发展模式的主要差异可以将我国的行业分为最具代表性的传统行业与高技术行业两大类。传统行业主要以制造、加工业为主，高技术行业主要包含以信息技术、新材料、生物技术等为手段进行生产活动的尖端行业。传统行业与高技术行业的差异主要表现在四个方面：第一，发展模式上，传统行业主要是劳动密集型，而高技术产业则是产业集群模式；第二，行业技术路线方面，传统行业标准化程度高，国际依存度低，而高技术行业技术能力不高，对国际高端技术依赖程度高；第三，就投入力度而言，社会、高校、政府与科研机构更加关注高科技行业的发展现状，投入度相对传统行业要大；第四，在社会服务与环境保护上，高技术行业更加注重创新人员的培养与环境友好型发展模式。行业的差异性必然导致行业社会价值的不同，比如通信与计算机行业的主要价值在于提供便捷的信息交流服务，而传统的钢铁制造产业则是为了提高社会生产力。不同行业的发展目标也有很大差别，电力行业的发展立足于能源再生与环境友好，而生物技术行业的目标在于自主创新能力的提升。分析行业差异性有助于了解行业的优劣势与发展前景，对产业技术研究院明确其功能定位是极其重要的。

二　行业价值差异性与研究意义

产业技术研究院的功能价值与研究侧重点对于不同的行业是存在较大差异的。传统行业产业技术研究院更加注重生产流程的创新，以摆脱粗放型发展模式，而高技术行业产业技术研究院更加侧重于产品与技术创新，提高成果转化效率。传统行业产业技术研究院组建是为了加强传统行业与外界企业的合作与交流，而高技术行业本身就是一种产业集群模式，产业技术研究院是其与国际接轨的桥梁。社会服务与环境保护是产业技术研究院的宗旨，然而传统行业对这两项指标的需求程度要远远高于高技术产业。产业技术研究院的建设与发展应该是立足行业特色的，不能混为一谈，不同行业的产业技术研究院的发展侧重点有很大差异，对其评价也应因行业而异。

随着产业技术研究院逐步深入到各行各业中，对不同行业中产业技术研究院功能价值与运行模式特异性的分析研究，有助于根据不同行业的不同特色，明确高校、政府以及企业在产业技术研究院运行过程中的地位和作用差异，优化产业技术研究院的运行方式，增加产业技术研究院的绩效。

第三节　磷化工产业技术研究院绩效影响因素及指标体系构建

一　功能定位

磷化工产业技术研究院作为一个传统行业产业技术研究院，是由政府、企业、高校及科研机构等子系统组成的整体，其本身也是作为系统存在[①]。磷化工产业技术研究院的组建是以政府为主导，以高校、企业为主体，以技术创新为核心，以社会服务为宗旨，以环境保护为前提的，主要负责产品的需求界定、研究开发以及中试。磷化工产业技术研究院各参与主体分工明确，政府负责资金与平台的提供，高校负责科技人员的输送与项目的开发，企业主要参与基础技术支持与产品的成果转化。磷化工产业技术研究院的具体运行以及功能价值如图9-1所示。

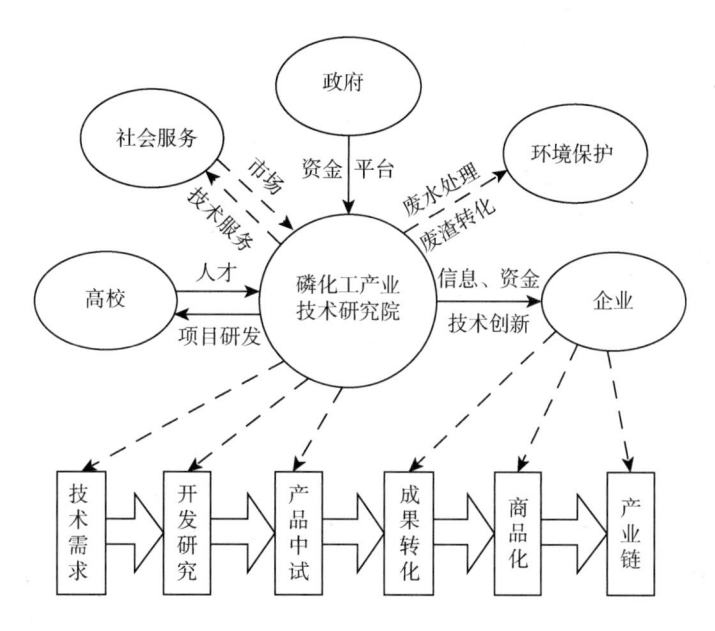

图9-1 磷化工产业技术研究院运行方式及功能价值

二 绩效影响因素及评价指标体系构建

根据上述对磷化工产业技术研究院运行模式及功能定位的分析可

---

① 肖继巧、李德江：《湖北省磷化工产业技术研究院产学研合作创新机制研究》，《山东化工》2015年第17期。

知,磷化工产业技术研究院的影响因素主要表现在经费、人员的投入以及研究院所处的金融与科研环境两个主要方面。磷化工产业技术研究院在固定投入下的经济效益、创新成果、社会效益是衡量其绩效的最直接方式,因此在遵循科学性、可比性、可行性及适应性原则的基础上,立足传统行业产业技术研究院功能价值的侧重点,将环境保护成本以及社会服务作为重要指标,构建了基于投入产出模型,包含研究院投入、产出层面以及所处环境三个方面的绩效评价指标体系。构建的具体指标体系如表9-1所示。

表9-1 磷化工产业技术研究院绩效评价指标体系

目标	一级指标	二级指标	三级指标	单位
磷化工产业技术研究院指标评价体系	投入 A_1	人力投入 B_1	科技活动人员数 X_1	人
			管理人员数 X_2	人
		财力投入 B_2	中试装置 X_3	万元
			材料仓库 X_4	万元
			研发平台 X_5	万元
			排污净化 X_6	万元
	环境 A_2	科研环境 B_3	地区高校数量 X_7	所
			当地科研机构数量 X_8	所
		金融环境 B_4	地区人均 GDP X_9	千元
			地方财政科技支出 X_{10}	百万元
	产出 A_3	技术创新 B_5	专利授权数量 Y_1	篇
			科技论文数量 Y_2	篇
			新型药剂数量 Y_3	种
		经济效益 B_6	创新成果转化收益 Y_4	万元
			副产品转化收益 Y_5	万元
		社会服务 B_7	创新人员培养 Y_6	人
			检测与技术服务 Y_7	次

第四节 湖北省磷化工产业技术研究院绩效评价

一 简介

湖北省磷化工产业技术研究院成立于2014年11月,由三峡大学、湖北大学、武汉工程大学与兴发集团联合组建,旨在解决湖北省磷化工产业存在的关键技术问题,加强研究成果转化、吸收与再创新,开发新产品、新工艺,促进技术向经济成果转化,推动湖北省磷化工产业持续健康发展。2015年,在各级政府部门、科技部门与共建单位的大力支持下,湖北省磷化工产业技术研究院各项工作有序推进,在基础、平台、制度建设以及项目研发、技术服务、创新团队等方面都取得了一定成果。然而湖北省磷化工产业技术研究院的建设还处在探索阶段,思想认识、发展定位、建设模式、体制机制等都还不成熟。对其进行绩效评价能够从各个侧面反映研究院创新能力的大小,在一定程度上能够为磷化工产业技术研究院确定发展方向提供对策建议。

二 绩效评价模型

投入产出法是由美国经济学家列昂惕夫提出的一种现代经济数量分析方法[1],可用于分析部门或系统投入与产出间的关系。通过产出投入的比值大小反映部门或系统的运行绩效,属于生产力的观点,与公共或非营利部门的目标非常类似。生产力属于系统性概念,是效率

---

[1] 刘起运、陈璋、苏汝劼:《投入产出分析》,中国人民大学出版社2006年版。

与效益的总和,其中,效益着重反映组织达成既定目标的程度,效率着重反映组织运用资源的能力①②。产业技术研究院作为非营利组织,根本目标在于推动科技成果转化为生产力,其绩效也主要反映在对效率及效益的追逐上,适合运用投入产出法进行分析。依据所建立的产业技术研究院评价指标体系,所建立的产业技术研究院绩效评价模型如式(9-1)至式(9-4)所示。

$$I = \sum_{k=1}^{n} \delta_k X_k \qquad (9-1)$$

$$O_i = \lambda_i Y_i \qquad (9-2)$$

$$E_i = \frac{O_i}{I} \qquad (9-3)$$

$$E = \frac{\sum_{i=1}^{n} O_i}{I} \qquad (9-4)$$

其中,X_k、Y_i 分别是产业技术研究院某一项投入指标与产出指标的实际值,δ_k、λ_i 分别代表各投入指标与产出指标权重大小,I 表示产业技术研究院综合投入,O_i 代表某一项产出指标的加权值,E_i 指的是分项指标的投入产出比,E 表示总的投入产出比。

三 实证研究

本章所构建的投入产出绩效评价模型在实际应用中还需要解决两个关键问题,第一是指标数据的标准化处理,第二是各项指标权重的确定。针对以上两个问题,本章分别采用标准化处理及层次分析法予以解决:

---

① 施能杰:《建构行政生产力衡量方式之刍议》,《中国行政》2001年第69期。
② Simon Philbin, "Measuring the Performance of Research Collaborations", *Measuring Business Excellence*, 2008, 12 (3): 16–23.

（1）标准化处理。标准化处理的目的是消除指标量纲，使原本不能直接进行基本运算的指标可以顺利完成运算。标准化处理的方式较多，根据实际需要可选用不同的方式，指标数据差异较大，同时为了避免指标零化，本章选用的离差标准化公式如式（9-5）所示

$$X_i^* = 0.1 + 0.9 \times \frac{X_i - X_{min}}{X_{max} - X_{min}} \quad (9-5)$$

式中，X_i 表示各项指标的实际数据，X_{min}、X_{max} 分别代表各项指标数据的最小值与最大值，X_i^* 是各项指标标准化处理后的值。各项指标标准化处理后的数据如表9-2所示。

表9-2　　　　　　　　　指标体系标准化数据

指标 X	X_1	X_2	X_3	X_4	X_5	X_6	X_7	X_8	X_9	X_{10}
标准化数值	0.1474	0.1104	1	0.1893	0.2362	0.1469	0.1225	0.1104	0.1096	0.1338
指标 Y	Y_1	Y_2	Y_3	Y_4	Y_5	Y_6	Y_7			
标准化数值	0.1030	0.1	0.1054	0.4189	0.1276	0.1227	0.2091			

（2）层次分析法确立指标权重。由于产业技术研究院的指标权重无法直接通过准确计量取得，而权重本身又体现着决策者的偏重喜好，针对不同行业产业技术研究院发展目标的差异，指标权重可能会略有不同。因此通过选用较少定量信息便能实现思维决策过程数学化的层次分析法来确立指标权重不失为一种合适的选择。课题组从湖北省磷化工产业技术研究院的组成子系统，即政府、高校、企业及科研机构中各邀请10位专家完成问卷，共计问卷40份，经判定结果加权平均，得到的最终结果如表9-3所示，层次分析法具体步骤从略。

表9-3　　湖北省磷化工产业技术研究院绩效评价指标权重

目标	一级指标	权重	二级指标	权重	三级指标	权重
磷化工产业技术研究院指标评价体系	投入	0.3876	人力投入	0.1529	科技活动人员数	0.0787
					管理人员数	0.0742
			财力投入	0.2347	中试装置	0.0421
					材料仓库	0.0357
					研发平台	0.1034
					排污净化	0.0535
	环境	0.1735	科研环境	0.0836	地区高校数量	0.0311
					当地科研机构数量	0.0525
			金融环境	0.0899	地区人均GDP	0.0256
					地方财政科技支出	0.0643
	产出	0.4389	技术创新	0.2299	专利授权数量	0.0921
					科技论文数量	0.0703
					新型药剂数量	0.0675
			经济效益	0.1238	创新成果转化收益	0.1036
					副产品转化收益	0.0202
			社会服务	0.0852	创新人员培养	0.0338
					检测与技术服务	0.0312

将表9-2与表9-3的投入指标与环境指标数据代入式（9-1），可以求得投入指标与所处环境指标的加权值，将产出指标数据代入式（9-2）至式（9-4）可以求出各项指标的产出效率以及综合产出效率，并对各项数据进行排序，结果如表9-4所示。

表9-4　　　　　　　　投入产出综合排序

投入指标	加权值	排序	环境指标	加权值	排序	产出指标	产出效率	排序
科技活动人员数	0.0116	3	地区高校数量	0.0038	3	专利授权数量	0.0941	2
管理人员数	0.0082	4	当地科研机构数量	0.0058	2	科技论文数量	0.0711	4

续表

投入指标	加权值	排序	环境指标	加权值	排序	产出指标	产出效率	排序
中试装置	0.0421	1	地区人均GDP	0.0028	4	新型药剂数量	0.0712	3
材料仓库	0.0068	6	地方财政科技支出	0.0086	1	创新成果转化收益	0.4297	1
研发平台	0.0244	2				副产品转化收益	0.0257	7
排污净化	0.0079	5				创新人员培养	0.0416	6
						检测与技术服务	0.0644	5

四 评价结果分析

根据表9-4可以计算出湖北省磷化工产业技术研究院的整体绩效为0.7978，达到了中等水平，就新建成的研究院而言，这个结果是值得肯定的。其中创新成果转化收益占整体绩效的53.86%，这与产业技术研究院建立初衷是相符的。从投入与环境指标来看，基础装置与研发平台的投入最大，地方财政科技支出所占比重也较大，这为产业技术研究院后期的发展打下了坚实的基础。但是，表中的数据显示，湖北省磷化工产业技术研究院仍然存在诸多不足之处，主要表现在三个方面：第一是排污净化投入比重小，在经济新常态环境下，这项指标是极其重要的，不可忽视；第二是成果转化率还不高，虽然创新成果转化取得一定收益，但是仍然有多项成果处于搁置状态，有待市场开发；第三是创新人员的培养严重不足，这是产业技术研究院提升行业竞争力与服务大众的重要项目，应该得到重视。

五 政策建议

由以上对湖北省磷化工产业技术研究院优劣势分析，本章提出以下政策建议。

(一) 继续加强基础设施的建设

湖北省磷化工产业技术研究院的基础设施投入所占比重最大，但是仍然不够完善，比如电镀应用实验室与反渗透膜用水处理实验室的建设还没有展开，这是磷化工产业完整运行的基础。

(二) 加大对环境保护的投入力度

环境保护是国家"十三五"规划的重中之重，也是磷化工产业技术研究院可持续发展的必要条件，更是产业技术研究院服务人民服务社会的宗旨所在。

(三) 加强与高校的交流合作

通过项目的形式引进创新团队，加强对创新人员的培养，提升行业的创新力，进而提升整个行业的竞争力。

(四) 加强研究院的宣传和推广工作

通过与外界各方企业交流合作，提高创新成果的转化率，实现多渠道创收。

上述建议可以供湖北省磷化工产业技术研究院管理人员作为决策参考，整个磷化工产业的产学研合作也可根据整个行业的发展趋势做出相应改进。

本章小结

基于不同行业的产业技术研究院有很大差异，但作为产业技术研究院的一个分支，即具有产业技术研究院的优势，又可以根据行业的差异性制定具有针对性的产学研合作政策，对提升国内企业的国际竞争力都有非常重大的意义。对湖北省磷化工产业技术研究院进行绩效评价是为了更好地分析研究院的优势与不足，分析评价背后的深层含义，寻求解决办法，从而有针对性地指导产业技术研究院向高效资源利用的方向运行。

本章以磷化工产业技术研究院的绩效评价为研究视角，在深入分析磷化工行业特异性的基础上，借鉴国内关于产学研合作绩效评价的方法加以改进，完成了磷化工产业技术研究院绩效评价指标体系及评价模型的构建，并以湖北省磷化工产业技术研究院为例进行了实证分析，最后分析评价结果，提出了相应的政策建议，以促进湖北省磷化工产业技术研究院发挥优势、弥补不足，推进磷化工行业供给侧结构性改革。

第十章　城市产业技术研究院运行绩效评价

第一节　绪论

一　国际背景

当今社会，知识对企业发展所起到的作用越来越广泛，知识也越来越成为企业竞争的核心力量，衍生出的产学研合作模式也越来越得到人们的青睐，成为企业、国家、社会创新体系有效运作的重要力量。产学研合作促进了创新体系内部知识的流动速度，推动了国家大中小企业产业的升级和技术的进步，更在国家科技综合实力的发展中发挥着巨大的作用。因此，世界各国将产学研合作作为产业技术上实现重大突破的主要模式。

产学研合作并不是近几年才提出来的，其发展历史可以追溯到20世纪中叶，美国斯坦福大学新型"特曼式大学"模式的出现是最为正式的产学研合作模式，但随着科技的进步、社会的发展，产学研合作也发生着新的变化，创造着更为复杂、更为先进的模式，不断的革新，新的理念推出，新的风格出现，通过参与产学研合作推动产业技术升级的作用也变得更为不可替代。

二 国内背景

早在1992年,为了应对国际竞争,我国政府和教育部门联合实施了产学研联合开发工程,这是我国为提高科学技术研发水平与应用实力所实施的重大项目,经过不断发展和完善,我国的产学研合作模式逐步形成了优势互补、利益共享、风险共担、共同发展的良性发展模式,并对推动城市发展、科技创新发挥了重要作用。

按照国务院印发《关于调整城市规模划分标准的通知》的最新规定,城区常住人口在50万以上100万以下的城市为中等城市[①]。中等城市作为我国城市经济的重要主体之一,是国家经济格局中的中坚力量。但大部分中等城市相对大城市而言,都面临着资源、技术、人才等各方面的压力。原因在于:政府对中等城市的关注力度不够,缺少相应的政策支持;中等城市的工业发展较为单一;高等院校大都集中在各省的省会城市,大部分中等城市的高校较为稀缺,这一系列的原因都严重制约着中等城市科技创新的发展,严重制约着中等城市的经济可持续发展。因此,建立具有区域特性的产业技术研究院对中等城市内有限的财力、智力、政策、市场类资源实现优化配置,并合理应用到区域优势产业领域,对于区域内各个行业的发展都起着带头作用,对区域的经济、科技、文化发展都具有促进作用。

---

① 国务院:《关于调整城市规模划分标准的通知》(国发〔2014〕51号),2014年。

第二节 运行现状分析

一 运行模式

产业技术研究院是指由企业、大学、科研机构或其他组织机构，以企业的发展需求和各方的共同利益为基础，以提升产业技术创新能力为目标，以具有法律约束力的契约为保障，形成的联合开发、优势互补、利益共享、风险共担的技术创新合作组织[①]。目前我国产业技术研究院主要采取以下两种运行模式：一是政府出资，由学校建设和管理；二是政府、企业共同出资，由学校参与建设和管理。实地调研发现，我国中等城市大多也是采用了这两种模式，并未严格区别于大城市，更多是对大城市发展模式的模仿。采用第一种方式需要政府投入大，同时学校要有较强的研究能力，这显然有悖中等城市财力及科研能力的现实基础。采用第二种方式，政府前期投入较小，但资源易掌控在个别企业手中，对促进行业整体发展有一定制约，违背了产业技术研究院建设的初衷。为了充分体现产业技术研究院的先进性（体现行业急需、着眼行业高端前沿）、流动性（研究人员的流动性，研究方向的弹性和灵活性）、群聚性（吸引人才、汇集技术、衍生企业，构建并形成产业集群）及开放性（面向社会开放，促进创新和造血能力）等特点，中等城市产业技术研究院的建设应由政府主导、高校主持、企业推动、服务产业、企业化管理、市场化运行，尤其是加强对本市高校和外来高校科技力量的整合与运作。产业技术研究院功能定位与运行模式如图 10-1 所示。

---

① 中华人民共和国科学技术部：《关于推动产业技术创新战略联盟构建指导意见》，http://www.most.gov.cn/tztg/200902/t20090220_ 67550. htm。

第十章 城市产业技术研究院运行绩效评价 177

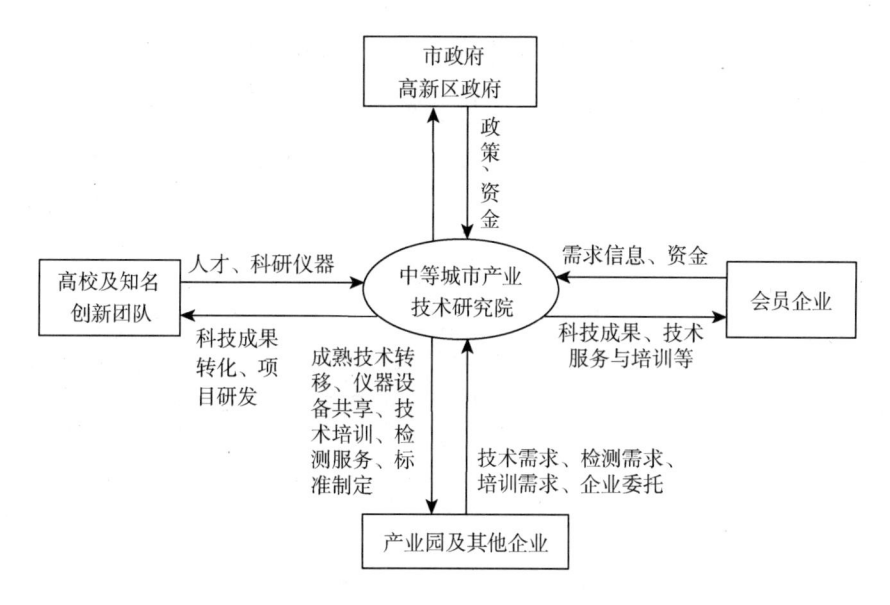

图10-1 产业技术研究院的功能定位与运行模式

二 运行机制

产业技术研究院的运行机制是指政府、高校和科研机构、企业及中介机构四个子系统从产生组建研究院的意愿开始，到利益分配结束的过程中所涉及各环节的运行机理、制度安排及作用方式。在政府营造的良好法律、政策等外部环境下，各子系统为了扩大自身的利益，产生联合的意愿，通过权衡各方的因素，选择合作伙伴，建立产业技术研究院。而产业技术研究院成立后的首要工作便是要建立和完善运行机制，保障研究院健康发展及利益分配的公正性，促进各子系统间的进一步合作，从而保证产业技术研究院的长效发展。中等城市由于各子系统的资源相对比较贫乏，如何将政府、高校、企业和科研机构所掌握的创新资源整合起来，突破制约中等城市产业发展的关键共性技术瓶颈，建立良好的运行机制尤为重要。保障中等城市产业技术研究院长效发展的运行机制主要包括知识产权协调机制、成员选择机制、运作管理机制、信任机制、协同创新机制及利益分配机制。它们之间的关系如图 10-2 所示。

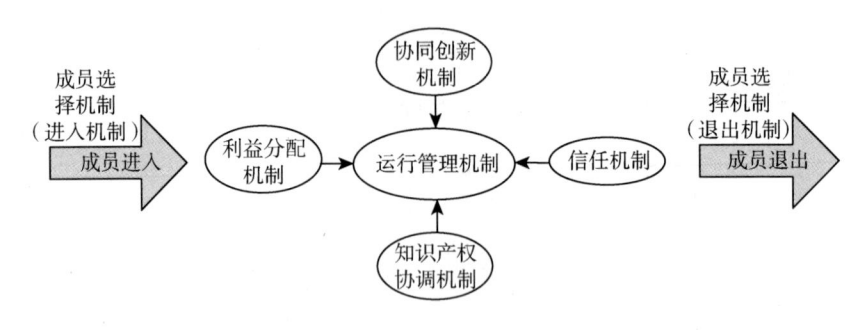

图 10-2 产业技术研究院运行机制

其中,成员选择机制是指产业技术研究院用于保证最佳成员的进入和退出机制。产业技术研究院的成员子系统之间需要保持一定强度的信任关系,而这就需要通过建立信任机制来实现。知识产权协调机制一方面是为了保证系统内部必要的知识、技术及信息的共享,另一方面又需要保证各子系统核心技术的知识产权。协同创新机制是指各子系统在互动过程中产生的一种协同创新效应,是衡量产业技术研究院运行绩效的重要标准。产业技术研究院取得的技术创新价值需要在各子系统及维持其自身发展间进行分配,这就需要建立公平合理的利益分配机制,它既是研究院技术创新的动力之源,也是保障产业技术研究院长效发展的关键因素。

三 绩效评价研究现状

产业技术研究院的绩效及其评价一直是产业技术研究院关注的焦点之一,而学者对研究院绩效的研究主要集中在两个方面:一方面，有的学者（Cyert and Goodman，1997[①]；Santoro and Chakrabarti，2001[②]）主张通过"投入—产出"模型来评价产业技术研究院的绩效。另一方面的研究较为分散，Irwin 和 Klenow（2005）[③] 的案例研究发现，美国半导体制造技术研究院的成员在引入合作技术创新后，在研发投入下降的情况下公司利润仍出现了上升。Chakravarthy（2012）[④] 的研究则发现，合作伙伴之间的相互作用对研究院绩效具有重要影响。张坚（2006）[⑤] 指出了产业技术研究院绩效评价的特点，包括：投入和产出的无形化，评价指标的非财务化，评价过程的动态化，评价标准的多样化以及定量与定性相结合。刘学（2008）[⑥] 进一步分析影响研究院绩效的因素，通过对我国制药产业技术研究院的研究发现，持续性预期、信息共享有助于增进信任，进而提高研究院绩效；鲍新中和王道平（2010）[⑦] 认为，技术的不确定性越高，信任对研究院绩效的促进作用越显著，但过程控制会降低信任与研究院绩效。总体来看，国内外学者对产业技术研究院绩效的评价指标体系可以分为三类：一类是财务指标，如企业价值评估、投资收益率、股票市值增长率等；另一类是非财务指标，包括伙伴关系、关系承诺、信任、声誉、满意度、企业能力等；第三类是融合财务与非财务指标，如平衡计分卡，

[①] Cyert, R. M., Goodman, P. S., "Creating Effective University-Industry Alliances: an Organizational Learning Perspective", *Organizational Dynamics*, 1997, 25 (4): 45 – 57.

[②] Santoro, M. & Chakrabarti, A., "Corporate Strategic Objectives for Establishing Relationships with University Research Centers", *IEEE Transactions on Engineering Management*, 2001, 48 (2): 157 – 163.

[③] Douglas A. Irwin, Peter J., Klenow, "Sematech, Purpose and Performance", *Proceedings of the National Academy of Sciences of the United States of America*, 2005, 93 (23): 12739 – 12742.

[④] Chakravarthy Balaji S., Doz Yves, "Strategy Process Research: Focusing on Corporate Self-renewal", *Strategic Management Journal*, 2012, 13 (5): 5 – 14.

[⑤] 张坚：《企业技术联盟绩效评价体系的比较和发展趋势分析》，《科研管理》2006 年第 1 期。

[⑥] 刘学：《信任、关系、控制与研发联盟绩效——基于中国制药产业的研究》，《南开管理评论》2008 年第 3 期。

[⑦] 鲍新中、王道平：《产学研合作创新成本分摊和收益分配的博弈分析》，《研究与发展管理》2010 年第 5 期。

从财务、客户、内部流程以及学习与成长四个方面来综合评价研究院绩效。

有关产业技术研究院绩效评价的研究虽然取得了一定成果，但针对特定区域的研究却比较少见，本章将目标锁定在资源相对弱势的中等城市，通过研究中等城市产业技术研究院的绩效考评体系，为研究院的建设提供导向。

第三节 运行绩效评价体系设计

一 评估框架

中等城市产业技术研究院的建设大多始于最近两年，例如湖北宜昌仅有的3家均始建于2014年年初。考虑到大多数中等城市产业技术研究院的建设尚处于初步探索阶段，结果效益层的指标还不能完全显现，为了更加客观地评估中等城市产业技术研究院的整体建设现状，本章除了从结果效益的层面对研究院绩效进行评价外，还设计了产业技术研究院建设态度及建设过程类的指标。它们之间的逻辑关系如图10-3所示。

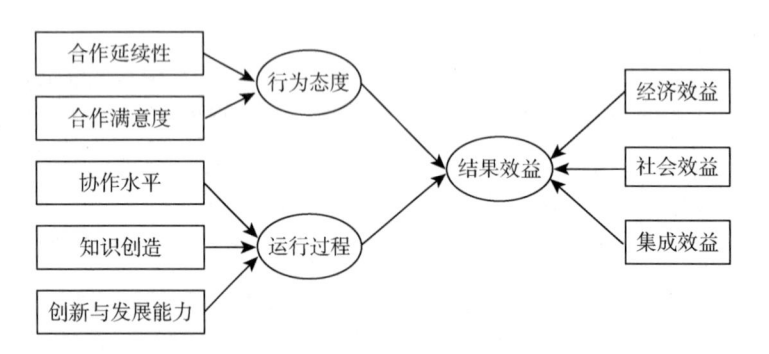

图 10-3 评价指标的逻辑关系

产业技术研究院在成立初期具有一定的不稳定性,行为态度是研究院长效发展的基础,具体表现为合作主体间的合作延续性及合作满意度。合作延续性是指政府、企业、科研机构等子系统在经历一段时间的合作后,对于是否维持原合作的倾向程度,产业技术研究院作为一个独立的法人机构,所追求的不仅仅是一种短期效益,因此主体的合作延续性是产业技术研究院长效发展的重要基础之一,主要表现为合作的紧密程度、优先选择原合作伙伴倾向及退出合作关系倾向。合作满意度是保证合作主体对机构忠诚的重要基础,明确合作主体间及各合作主体对研究院整体的满意程度对于有针对性地完善产业技术研究院的运行机制与绩效评估等具有重要意义。主要表现为信息沟通满意程度、合作过程满意程度、管理过程满意程度、完成目标程度。

运行过程是产业技术研究院长效发展的核心部分。为了更好地对产业技术研究院的运行过程进行评估,本章从合作主体间的协作水平、知识创造能力和创新与发展能力三个维度设立指标作为评估的标准。研究院作为独立的法人机构,是一个有机的整体,各子系统间相互关联,理应加强协作,优势互补才能提升研究院的综合竞争力。协作水平关系到研究院的运行绩效,具体表现在资源共享及互补程度、合作完成项目情况、沟通协调水平、研究院整体稳定性。研究院的各子系统可以获取的知识包括公有知识和私有知识。公有知识是研究院为了攻克相关产业的关键共性技术、实现各子系统间的优势互补,而在院内公开共享的知识,主要依托于项目合作本身,表现为合作开发技术成果及获取合作企业的技术程度。私有知识是院内合作项目外各子系统所形成的特有技能,主要表现在原有技术能力提升程度及合作范围外的新技术创新情况。产业技术研究院成立的重点任务之一就是要突破现有产业的关键共性技术,构建产业技术创新链,而完成这项任务的关键在于创新。只有不断创新,才能为研究院的长效发展注入新鲜血液，因此创新与发展能力对研究院的健康长久运行至关重要。主要体现为人员培训情况、新产品（技术）研发情况及新产品（技术）销售情况。

产业技术研究院的结果效益是研究院运行绩效最直接的体现，本章将研究院的结果效益指标划分为集成效益指标、经济效益指标及社会效益指标。其中集成效益指标是指研究院作为集成企业、政府及科研机构等子系统的整体，体现出的有别于各子系统的优势效益。具体表现为联合发表论文情况、是否建立行业技术准则、专利获得情况、合作企业资源互补情况和科研成果向现实技术转化情况等。产业技术研究院的经济效益是指实现研究院科研技术成果产业化所带来的收益。主要包含新产品的利润贡献率、新产品的市场占有率、新技术转让或专利转让获得的利益、可比产品单位成本降低率等方面。不仅仅是经济效益，产业技术研究院运行绩效的另一重要方面反映在于它的社会效益，主要包括技术人员的培养情况、突破制约产业发展的关键共性技术瓶颈情况、产业技术创新能力提高情况。

二 体系设计

由于绝大多数中等城市的产业技术研究院尚处于运行初期，许多技术合作成果还处于开发阶段，因此存在部分结果效益层指标缺失的情况。考虑到现阶段研究院的行为态度及运行过程会对研究院的效益产生极大的影响，因此本章在设计产业技术研究院运行绩效评价体系时，综合从行为态度、运行过程及结果效益三个方面考虑研究院运行的整体情况。具体的指标体系如表10-1所示。

表 10 – 1　　中等城市产业技术研究院运行绩效评价体系

中等城市产业技术研究院运行绩效	行为态度	合作满意度	信息沟通满意程度
			合作过程满意程度
			管理过程满意程度
			完成目标程度
		合作延续性	优先选择原合作伙伴倾向
			退出合作关系倾向
	运行过程	协作水平	资源共享及互补程度
			合作完成项目情况
			沟通协调水平
			研究院整体稳定性
		知识创造	合作开发技术成果
			获取合作企业的技术程度
			原有技术能力提升程度
			合作范围外的新技术创新情况
		创新与发展能力	人员培训情况
			新产品（技术）研发情况
			新产品（技术）销售情况
	结果效益	集成效益	联合发表论文情况
			是否建立行业技术准则
			专利获得情况
			合作主体资源互补情况
			科研成果向现实技术转化情况
		经济效益	新产品的利润贡献率
			新产品的市场占有率
			新技术转让或专利转让获得的利益
			可比产品单位成本降低率
		社会效益	技术人员的培养情况
			突破制约产业发展的关键共性技术瓶颈情况
			产业技术创新能力提高情况

第四节　绩效评价的 ANP 模型

一　评价方法

前文所建指标体系中的各准则层的内部要素指标并不是相互独立的，而是相互影响的。例如合作沟通满意程度与合作过程满意程度间的相互影响。因此，中等城市产业技术研究院运行绩效评价体系准则层下的内部要素间均存在相互影响的关系，而并非完全独立的关系。显然，该指标体系的实际关系应该是网络关系，而并不是简单的递阶层次结构。因此，相比层次分析法（AHP），网络层次分析法（ANP）是一种更为合适的方法。

网络层次分析法是在层次分析法的基础上发展并形成的一种新的决策方法[1][2][3]，它允许量化或难以量化的多个指标共存，并考虑了不同层次的元素组及元素组内部的元素间具有关联或反馈关系的情况，因此，比 AHP 法更贴近现实地反映和描述决策问题[4]。

ANP 处理问题主要分为以下四步：

（一）构造 ANP 的典型结构

ANP 结构由层次结构和网络结构两部分组成，层次结构可以利用层次分析法得到各准则层相对于目标层的权重。网络结构层要分析元

---

[1] Lee, J. W., Kim, S. H., "Using Analytic Network Process and Goal Programming for Interdependent Information System Project Selection", *Computers & Operations Research*, 2000, 27 (1): 367 – 382.

[2] Saaty, T. L., *The Analytic Network Process: Decision Making with Dependence and Feedback*, Pitts-burgh, PA: BWS Publications, 2001, 6: 84 – 136.

[3] Saaty, T. L., "Decision Making the Analytic Hierarchy and Network Process (AHP/ANP)", *Journal of Systems Science and Systems Engineering*, 2004, 13 (1): 1 – 35.

[4] Lee, J. W., Kim, S. H., "Using Analytic Network Process and Goal Programming for Interdependent Information System Project Selection", *Computers & Operations Research*, 2000, 27 (1): 367 – 382.

素之间的相互影响关系，实际决策问题面临的基本上都是这种相互影响的网络层次结构。ANP 的结构模型如图 10-4 所示。

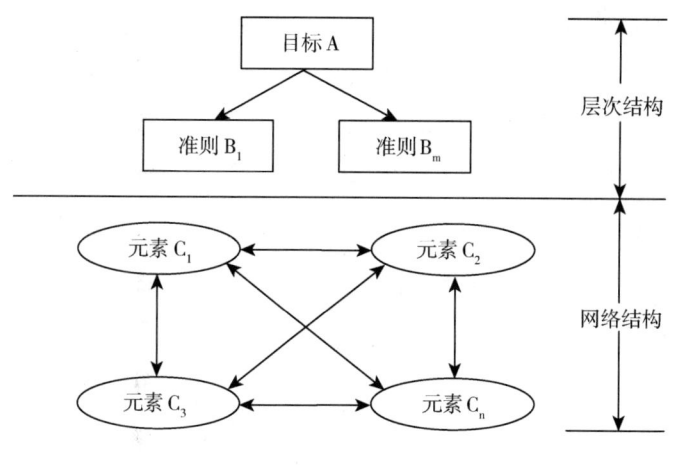

图 10-4　ANP 结构

（二）构造 ANP 的超矩阵计算权重

设层次结构中相对目标层 A 的准则为 B_1，…，B_m，网络结构中有元素集 C_1，…，C_n，以 B_i（$i=1$，…，m）为准则，以 C_j 中的元素 e_{jl} 为次准则，元素组 C_i 中的其他元素 e_{in_i} 相对于 e_{jl} 的重要度进行比较分析，构造判断矩阵并得到归一化特征向量 $(\omega_{i1}, \omega_{i2}, \cdots, \omega_{in})^T$，即网络结构元素权重。同理，可以得到相对于其他元素的排序向量，得到的矩阵为

$$W_{ij} = \begin{vmatrix} W_{i1}^{(j_1)} & W_{i1}^{(j_2)} & \cdots & W_{i1}^{(jn_j)} \\ W_{i2}^{(j_1)} & W_{i2}^{(j_2)} & \cdots & W_{i2}^{(jn_j)} \\ \vdots & \vdots & \vdots & \vdots \\ W_{in_i}^{(j_1)} & W_{in_i}^{(j_2)} & \cdots & W_{in_i}^{(jn_j)} \end{vmatrix}$$

矩阵的列向量代表的是元素 e_{i1}，e_{i2}，…e_{in_i} 对 C_j 中元素 e_{j1}，e_{j2}，…，e_{jn_j} 的重要度排序向量。如果 C_j 中元素不受 C_i 中元素影响，则 $W_{ij}=0$。把所有网络结构层元素相互影响的排序向量组合起来就得到准则层 B_i

下的超矩阵 W。

二 评价过程

（一）指标模型的建立

根据图 10-4 所示的 ANP 典型结构，建立本章的 ANP 网络结构如图 10-5 所示。

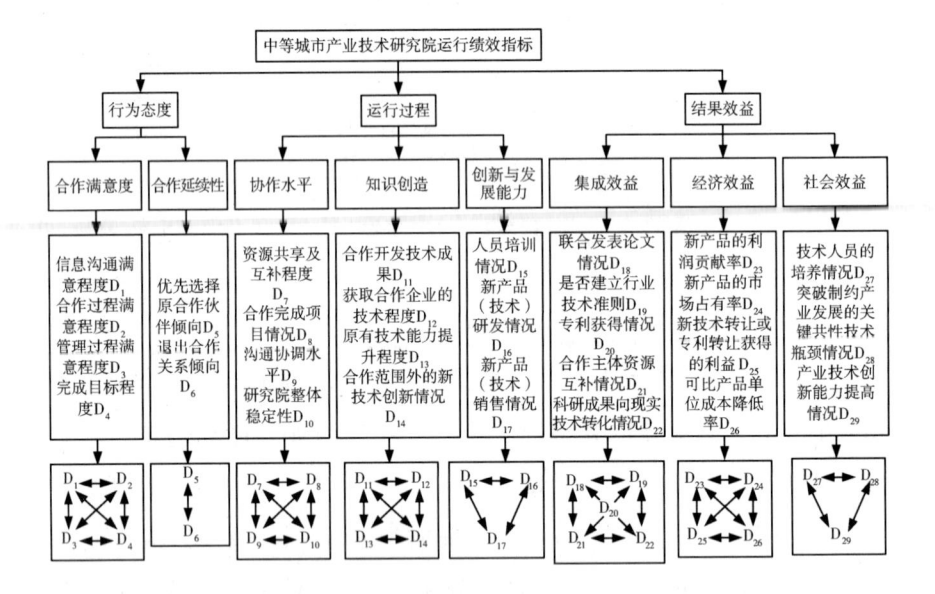

图 10-5 中等城市产业技术研究院运行绩效评价的 ANP 模型

（二）指标权重的确立

层次结构指标权重的确定：利用层次分析法计算层次结构的指标权重，首先需要根据专家经验构造判断矩阵。为了使评判结果更为准确，本章选择了 20 位所属领域专家对层次结构进行重要性的判定，这 20 位专家包括 5 位政府科技部行政人员、5 位高校科研人员、5 位孵化企业高管及 5 位研究院的工作人员。通过对他们的判定结果进行加权平均，得到最终的判断矩阵如表 10-2 至表 10-5 所示，并计算出相应指标权重。

表 10-2　中等城市产业技术研究院运行绩效指标下的判定矩阵

A	行为态度 B_1	运行过程 B_2	结果效益 B_3	权重
B_1	1	1/2	2	0.2970
B_2	2	1	3	0.5396
B_3	1/2	1/3	1	0.1634

表 10-3　行为态度准则指标下的判定矩阵

B_1	合作满意度 C_1	合作延续性 C_2	权重
C_1	1	3	0.75
C_2	1/3	1	0.25

表 10-4　运行过程准则指标下的判定矩阵

B_2	协作水平 C_3	知识创造 C_4	创新与发展能力 C_5	权重
C_3	1	1/2	1/4	0.1429
C_4	2	1	1/2	0.2857
C_5	4	2	1	0.5714

表 10-5　结果效益准则指标下的判定矩阵

B_3	集成效益 C_6	经济效益 C_7	社会效益 C_8	权重
C_6	1	2	3	0.5396
C_7	1/2	1	2	0.2970
C_8	1/3	1/2	1	0.1634

网络结构指标权重的确定：为了反映网络结构指标的相互影响关系，除了相对于上层指标进行重要度的比较外，还需要在如图 10-4 所示的网络结构内部进行不同准则下各指标的相互影响程度的比较。例如合作满意度下的四个指标：信息沟通满意程度、合作过程满意程度、管理过程满意程度及完成目标程度间存在相互影响的关系。因此，

除了需要比较它们在合作满意度准则下的重要程度外，还需要比较它们之间相互影响的重要程度，即分别以这四个指标的任一指标为判断准则，比较其他三个指标的重要程度。如在信息沟通满意度 D_1 下比较 D_2、D_3、D_4 的重要程度，其最终判断矩阵及权重计算结果如表 10-6 所示。

表 10-6   信息沟通满意程度 D_1 下的判断矩阵

信息沟通满意程度 D_1	D_2	D_3	D_4	权重
D_2	1	2	4	0.5584
D_3	1/2	1	3	0.3196
D_4	1/4	1/3	1	0.1220

同理，可以确定其他网络结构层指标相互影响的重要度。

构造超矩阵，计算网络结构层指标的权重。当考虑了网络结构层所有指标的相互影响关系后，把反映指标间影响关系的权重组成矩阵，得到超矩阵，如表 10-7 所示。

针对表 10-7 的超矩阵，运用 Matlab 求得特征向量并对其进行归一化，归一化后的权重为

ω_{C_1} = （0.2237，0.3228，0.1929，0.2606）

ω_{C_2} = （0.75，0.25）

ω_{C_3} = （0.2787，0.2397，0.2762，0.2054）

ω_{C_4} = （0.2894，0.3198，0.2444，0.1464）

ω_{C_5} = （0.3496，0.3997，0.2507）

ω_{C_6} = （0.167 0.2112 0.1635 0.2808 0.1775）

ω_{C_7} = （0.3463，0.2953，0.1405，0.2180）

ω_{C_8} = （0.2249，0.3750，0.4001）

为了得到各个因素的最终权重，需要将以上权重与层次结构计算所得权重相乘，获得各指标对总目标的全局权重如表 10-8 所示。

第十章　城市产业技术研究院运行绩效评价　189

表 10-7　超矩阵

	D_1	D_2	D_3	D_4	D_5	D_6	D_7	D_8	D_9	D_{10}	D_{11}	D_{12}	D_{13}	D_{14}
D_1	0	0.2385	0.5396	0.1634	0	0	0	0	0	0	0	0	0	0
D_2	0.5584	0	0.2970	0.5396	0	0	0	0	0	0	0	0	0	0
D_3	0.3196	0.1365	0	0.2970	0	0	0	0	0	0	0	0	0	0
D_4	0.1220	0.6250	0.1634	0	0	0	0	0	0	0	0	0	0	0
D_5	0	0	0	0	0	1	0	0	0	0	0	0	0	0
D_6	0	0	0	0	1	0	0	0	0	0	0	0	0	0
D_7	0	0	0	0	0	0	0	0.3108	0.5936	0.1958	0	0	0	0
D_8	0	0	0	0	0	0	0.2493	0	0.2493	0.4934	0	0	0	0
D_9	0	0	0	0	0	0	0.5936	0.1958	0	0.3108	0	0	0	0
D_{10}	0	0	0	0	0	0	0.1571	0.4934	0.1571	0	0	0	0	0
D_{11}	0	0	0	0	0	0	0	0	0	0	0	0.5936	0.3108	0.1634
D_{12}	0	0	0	0	0	0	0	0	0	0	0.5396	0	0.4934	0.2970
D_{13}	0	0	0	0	0	0	0	0	0	0	0.2970	0.2493	0	0.5396
D_{14}	0	0	0	0	0	0	0	0	0	0	0.1674	0.1571	0.1958	0

	D_{15}	D_{16}	D_{17}	D_{18}	D_{19}	D_{20}	D_{21}	D_{22}	D_{23}	D_{24}	D_{25}	D_{26}	D_{27}	D_{28}	D_{29}
D_{15}	0	0.667	0.333	0	0	0	0	0	0	0	0	0	0	0	0
D_{16}	0.667	0	0.667	0	0	0	0	0	0	0	0	0	0	0	0
D_{17}	0.333	0.337	0	0	0	0	0	0	0	0	0	0	0	0	0

续表

	D_{15}	D_{16}	D_{17}	D_{18}	D_{19}	D_{20}	D_{21}	D_{22}	D_{23}	D_{24}	D_{25}	D_{26}	D_{27}	D_{28}	D_{29}
D_{18}	0	0	0	0	0.1381	0.1953	0.2898	0.1381	0	0	0	0	0	0	0
D_{19}	0	0	0	0.0942	0	0.1381	0.4412	0.2761	0	0	0	0	0	0	0
D_{20}	0	0	0	0.2254	0.2761	0	0.1171	0.1953	0	0	0	0	0	0	0
D_{21}	0	0	0	0.5023	0.3905	0.2761	0	0.3905	0	0	0	0	0	0	0
D_{22}	0	0	0	0.1781	0.1953	0.3905	0.1520	0	0	0	0	0	0	0	0
D_{23}	0	0	0	0	0	0	0	0	0	0.5396	0.4934	0.5396	0	0	0
D_{24}	0	0	0	0	0	0	0	0	0.5396	0	0.3108	0.2970	0	0	0
D_{25}	0	0	0	0	0	0	0	0	0.1534	0.1634	0	0.1634	0	0	0
D_{26}	0	0	0	0	0	0	0	0	0.2970	0.2970	0.1958	0	0	0	0
D_{27}	0	0	0	0	0	0	0	0	0	0	0	0	0	0.333	0.250
D_{28}	0	0	0	0	0	0	0	0	0	0	0	0	0.333	0	0.750
D_{29}	0	0	0	0	0	0	0	0	0	0	0	0	0.667	0.667	0

表 10 – 8　　　　　　各指标对总目标的全局权重

ω_{D_1}	ω_{D_2}	ω_{D_3}	ω_{D_4}	ω_{D_5}	ω_{D_6}	ω_{D_7}	ω_{D_8}	ω_{D_9}	$\omega_{D_{10}}$	$\omega_{D_{11}}$	$\omega_{D_{12}}$	$\omega_{D_{13}}$	$\omega_{D_{14}}$	$\omega_{D_{15}}$
0.05	0.072	0.043	0.058	0.056	0.016	0.021	0.018	0.021	0.016	0.045	0.049	0.038	0.023	0.108

$\omega_{D_{16}}$	$\omega_{D_{17}}$	$\omega_{D_{18}}$	$\omega_{D_{19}}$	$\omega_{D_{20}}$	$\omega_{D_{21}}$	$\omega_{D_{22}}$	$\omega_{D_{23}}$	$\omega_{D_{24}}$	$\omega_{D_{25}}$	$\omega_{D_{26}}$	$\omega_{D_{27}}$	$\omega_{D_{28}}$	$\omega_{D_{29}}$	
0.123	0.077	0.015	0.019	0.014	0.025	0.016	0.017	0.014	0.007	0.011	0.006	0.01	0.011	

在表 10 – 8 所示的 29 个指标中，指标权重最大的是 D_{16} 新产品（技术）的研发情况，达到 12.3%，这与产业技术研究院的工作核心相一致。本章的指标体系有助于加深人们对中等城市产业技术研究院的认识，依据权重大小指引中等城市产业技术研究院提升运行绩效。

三　问题原因分析

目前，中等城市产业技术研究院的组建工作已经取得了阶段性成果。但从上文的分析评价来看，提高产业技术研究院的创新与发展能力对于提升总体运行绩效十分重要，但由于现阶段研究院的各项工作仍处于探索阶段，在功能定位、体制机制和创新能力等方面存在的不足都将对研究院的创新与发展能力造成不好的影响，本章主要分析了以下两个方面的原因。

（一）功能定位模糊不清

准确定位是产业技术研究院发挥效用、赢得市场的首要环节。目前，大多产业技术研究院对于自己在区域创新体系中处于何种位置，与现有各类平台如何分工，如何支撑产业发展，还缺乏明晰的定位。中等城市的产业技术研究院主要还停留在工程技术中心或企业技术中心"升级版"上，旨在解决本企业的发展难题，与应有的面向产业技术发展需求、集成产学研多方科技资源，服务产业创新发展的宗旨相差较远，没有实现公益性和经营性相结合、提升产业技术创新能力和技术水平的功能。

（二）政府支持明显不足

政府的支持和投入是产业技术研究院顺利起步的关键。目前中等城市对产业技术研究院还缺乏实质性的支持，仅仅在项目申报、向上争取等方面给予倾斜，尚未出台有针对性的政策。同时，由于中等城市对围绕产业技术研究院开展招商引资的力度不大，导致园区没有形成产业集群，上下游配套的企业不多，产业链条延伸不够，无法形成集聚效应，在一定程度上制约了研究院的发展。

（三）科技资源非常缺乏

中等城市科技资源的配置能力是产业技术研究院能否成功运行的基础，直接决定着中等城市的科技创新能力。因为历史和区位原因，我国高等院校和科研院所基本位于省会城市、直辖市等大城市或特大城市，中等城市科技主体非常稀缺，即使拥有科技主体，在科技创新能力和资源配置效率上都面临各种不足，基本属于我国相对低端的科技活动区域，中等城市科技系统具有封闭性，缺乏对外沟通交流，尽管部分中等城市会通过政府政策等措施吸引清华大学等重点高校设置科技园区，但引入科技主体和本区域科技主体系统之间的交流匮乏，很难实现外来科技主体的本地化。

本章小结

本章以建立中等城市产业技术研究院运行绩效评价体系为研究视角，在分析中等城市研究院运行现状的基础上，建立了行为态度、运行过程及结果效益三要素的绩效评价体系。利用 ANP 对该指标体系处理得到指标权重，为研究院的优化指明了方向。针对中等城市研究院建设目前所存在的问题，本章提出以下建议：

（1）统筹规划，试点先行。为了使有限的资源能够收获最高的效益，中等城市要将各类产业技术研究院建设纳入战略性新兴产业发展规划，合理确定阶段性建设重点任务。要统筹规划，分步实施，优先选择基础条件好、需求紧迫的产业进行试点。

（2）强化科研，系统整合。为了弥补中等城市本地化科技资源的缺乏，必须通过内生整合和开放融合两种方式。既要通过本地高等学校、科研院所的强强联合、创新培植，实现自身力量的增长，也需要加强与外界科技系统的融通，通过科技主体引入、科技人员引进、科技项目合作等形式，实现对发达区域科技资源的吸收，并实现根植化的科技能力创新。

（3）出台政策，分类支持。市政府要高度重视产业技术研究院的建设并给予最大限度的支持，要出台支持产业技术研究院建设与发展的政策措施，在规划审批、基建用地、项目与人才引进、融资担保、规费减免等方面给予优惠，对于不同类型的研究院，根据实际情况分别给予支持。

（4）招商引资，完善链条。要围绕产业技术研究院开展招商引资，进行包括上中下游及服务配套的全产业链条设计，推动优势资源向产业链集聚。一是重点分析优势产业，寻找和弥补产业链的薄弱环节，有针对性地引进目标企业、项目、产品和关键技术，并为产业链伸展预留充足的空间，充分释放研究院对产业链的规模带动作用，降低研究院的经营成本，拓展其发展空间。二是鼓励产业技术研究院成立企业孵化中心和投资公司，完善科技创新平台配套服务体系，打造完整的产业技术研发、测试、推广和应用链条，扶持产业技术研究院的科研人员携带产业技术进行创业，创办高校技术企业，引导科技型中小企业和创新团队到研究院进行孵化。

第四篇

产业技术研究院资源整合与配置研究

资源整合是指产业技术研究院对不同来源、不同层次、不同结构、不同内容的资源进行识别与选择、汲取与配置、激活和有机融合，使其具有较强的柔性、条理性、系统性和价值性，并创造出新的资源的一个复杂的动态过程[①]。研究资源整合与配置问题是产业技术研究院的一项重要任务。当前我国正处于调速换挡、经济转型的新常态，在此背景下以自主创新为导向的产业技术研究院得到了各界的关注，作为能同时集聚产业界与学术界及各大组织机构的新体系，它的发展以各组织结构的利益最大化为目标，能对有限的环境资源、基础资源、保障性资源进行更高效快速的整合、筛选与配置来获取最大收益的资源整合方式，并建立信息基础平台、技术基础平台、文化基础平台和制度基础平台等多个基础平台，以配合各领域关键技术的飞速发展，促进产业升级，带动我国稳步进入创新型国家的行列。本篇在政策变迁背景下，根据新时代的要求，分析产业技术发展的资源整合与配置，建立产研院资源配置效率评价指标体系，采用定性与定量分析相结合的方式科学地研究产业技术研究院资源整合与配置的相关问题，为产业技术研究院更科学、高效地对资源进行整合与配置提供参考。

---

① 杜晓成、胡锐：《继续工程教育的国际化竞争战略初探》，《继续教育》2012年第8期。

第十一章 产业技术研究院资源整合

第一节 绪论

一 经济新常态概念及主要特点

(一) 概念

经济新常态指经济结构的对称态，在此基础上的经济可持续发展，以及经济可持续稳定增长。经济新常态就是用增长促发展，用发展促增长。这不只是追求经济总量、GDP 及人均 GDP 增长与经济规模最大化，而是能够放缓经济发展速度，提高经济发展质量，促进经济结构稳健发展。

所谓"常态"是该经济体的"经常性状态"或"稳定性状态"，具体是指经济体在"特定时期或阶段"内运行的"经常性状态"或"稳定性状态"。在此基础上，"经济新常态"中的"新"就体现了对上一阶段经济运行状态的一个承接和进一步的发展。在社会经济及科技发展的历程中有很多新的因素加入进来，简单地重复原有的"常态"只能对社会的发展产生阻力，因此社会的发展不能机械地重复，而是要在"常态"的基础上推陈出新，在上一个时期经济运行状态的基础上找寻更高的、更稳定的新的"经济新常态"。

（二）主要特点

（1）经济增速从高速增长转为中高速增长

要把年均经济增速放缓，但必须保持在6%—7%的中高速。纵向来说，与改革开放的前30年经济增速相比，下降了3个百分点左右。横向来说，与国际上其他国家相比，经济增长仍是领跑的。

（2）经济结构不断优化升级，抛弃粗放式发展

产业升级所带来的高生产率、低浪费、创新驱动是经济可持续发展的必经道路。旧的高浪费、低生产效率、破坏性大的发展方式已经走到尽头。第一，资源消耗大，浪费严重。第二，环境污染问题。安全的饮用水都已经无法保障；土壤中大量的重金属对环境造成了更为持久的危害；京津冀、中部地区及部分大中城市雾霾等极端天气增多，大气污染严重。第三，生态系统退化，生态系统负反馈能力降低。草原退化现象严重，水土流失，生物多样性锐减，都使得我国生存环境恶化。第四，社会保障体系建设落后。社会保障体系虽已全面覆盖，但保障水平远远落后于发达国家，保障覆盖范围、保障水平、保障体系都存在或多或少的问题。在经济新常态的背景下，粗放式的、破坏性的经济发展模式已经被逐渐抛弃，科学可持续的包容性的经济社会发展已经逐步占据中国的主导地位，发展的主要动力正在逐步向转型升级、产业升级开拓创新的方向发展。社会保障体系也会随着经济社会的这一大转型迅速完善。

（3）服务业发展及创新驱动成为主要的驱动力

经济新常态下，经济增长结构发生了显著的变化。从要素驱动、投资驱动，如第一、第二产业中的农业、制造业过渡到第三产业中的服务业和高新技术产业。

（三）主要特征

经济新常态发展的主要特征是其增长动力发生转变，主要特征表现在：模仿型消费逐渐被个性化、多样化消费取代，传统的商户模式

逐渐被先进的新产品、新业态、新电商等商业模式所取代，低产业结构逐渐被高水平、高科技的高新产业结构所取代，第三产业中的新兴产业、服务业、小微企业等作用与地位逐渐凸显，人口老龄化趋势正迅速蔓延，市场竞争逐渐从价格战向科技战转变，农业富余人口减少，等等。经济发展已经到了速度"下台阶"、质量"上台阶"的阶段。

二 产业共性技术

产业共性技术和关键技术广泛应用于诸多产业领域，能对整个产业以及相关产业的技术进步产生深度影响。在亚洲，日本最早提出"技术立国"战略，日本积极促进产业共性技术和关键技术的发展，如日本产业技术综合研究院、工业技术研究院等。近几年，世界各国对本国产业共性技术和关键技术的发展都给予了相应的政策、资金、人才支持，并积极建设企业间合作平台、研发基地和产业技术研究院，并参与指导不同模式的产业共性技术研发机构。如今，产业技术研究院的优势日益凸显，不仅是政府重点培养的实验基地，也是各主体间产学研合作的优势平台，能有效整合各个参与主体的资源配置，并能够控制各参与主体的优势并对其优势进行有效配置，是推动技术创新的重要途径。

我国共性技术研发的发展也在近几年得到了政府的重视，2006年的《国家中长期科学和技术发展规划纲要（2006—2020年）》中提出"以企业为主体、产学研结合的技术创新体系，是全面推进国家创新体系建设的突破口。"然而，我国的创新体系建设发展仍处于初期阶段，存在各种各样的问题。面对这样的局面，我国各省市自治区都积极向拥有完善产业技术研究院的国家和地区学习，研究其发展历史经验、建设理念和建设模式等，并结合本区域特点探索建设本区域产业技术研究院，同时，也带动周边地市的发展，形成区域的辐射网络。

各地市政府更是积极推动高校、科研机构"走出去",与我国大中型企业联手构建产学研院合作平台。在这样的背景下,一批产业技术研究院应运而生。但总的来说,依然处在初步探索阶段。我国的产业技术研究院发展还存在思路不够清晰、定位不够准确、体制机制不够健全、独立性差、科技创新成果难以与实际相结合等问题,这都严重阻碍我国产业技术研究院创新发展的实现。

三 产业技术研究院发展现状

当今世界,科技是促进经济发展重要的动力源泉。产业技术研究院是提高科技创新,促进产业升级的必要组织形式。建设产业技术研究院,提高科技创新,加强共性技术及关键技术的研发,实现科技成果的迅速转化,能够带动产业链各个阶段的产业升级,能够顺利地孵化出高新技术产业区。世界各国产业技术研究院的发展迅速,如中国上海紫竹产业技术研究院、中国台湾工业技术研究院、美国国家标准与技术研究院、德国弗朗霍夫应用研究促进学会、日本产业技术综合研究院等。产业技术研究院可以集聚某区域或者整个国家的资源、资金、人才,同时还能得到国家政策的大力支持,是一个国家或者一个地区科技创新能力的最高体现。产业技术研究院能够强力推动一个国家或地区的科学技术发展、企业振兴、经济高质可持续发展,是未来科技角逐的主要竞技场。就我国目前的科技水平研发现状来看,已经有越来越多的企业、高校专家开始对自身实力进行了更科学的量化指标研究。其中产业技术研究院绩效评价一直是产业技术研究院关注的重点,对产业技术研究院进行科学、有效的绩效评价,才能够避免产业技术研究院短板,发挥其优势,为研究院的决策者提供行之有效的决策依据;同时,也为其他类似的科研机构、校企及科研机构之间的合作提供有力的保障。

调速换挡、经济转型是我国经济已开始步入新常态的重要标志，意味着我国经济增长相比速度更加重视稳定、质量和效率，这对于增强国家核心竞争力具有重要意义。但当前的新常态经济依然以投资作为主要动力，投资过热就会导致供给大于需求，形成产能过剩，进而增加企业库存，造成企业设备等固定资产更新缓慢，加大经济的下行压力。同时，外企投资增加还会导致经济增长过于依赖出口，难以扩大内需，最终导致内外需结构失衡。因此，只有从根本上改变以投资作为经济增长的动力而转变为自主创新，才能解决当前我国新常态经济所面临的一系列问题。在此背景下，以自主创新为导向的产研院迎来了重大发展机遇，产研院作为融合产业界与学术界的最佳组织方式，它的发展能够提升其所在领域关键技术的创新能力，并且带动相关产业技术的发展，能够帮助我国加速进入创新型国家的行列。资源作为人类存在和生产的基础，也是维持一切组织发展的根本前提。因此无论是维持当前经济发展新常态的主旋律还是产研院的良性发展，都必须做好资源整合工作，本章将重点研究产研院的资源整合问题。

构建以自主创新为主导的国民经济体系是维系新常态经济主旋律的长期动力[1]。产研院是深化科技体制改革和推进科技创新的新型载体，是产业发展的重要推进器，它的建设发展直接关系到地方产业技术能否突破瓶颈并带动地区产业集群的形成及规模的扩大。然而现阶段大部分产研院的建设还只是处于初级阶段，直观表现为产研院的创新能力不足[2][3][4]，政府层面对产研院的基本资料缺乏

---

[1] 王健：《新常态新动力：以自主创新建立完整独立的国民经济体系》，《经济研究参考》2015年第8期。

[2] 吴金希：《论公立产业技术研究院与战略新兴产业发展》，《中国软科学》2014年第3期。

[3] 李福：《产业技术研究院市场化的公共技术服务困境及其对策建议》，《中国科技论坛》2014年第11期。

[4] 李培哲、菅利荣、裴珊珊、张瑜：《企业主导型产业技术研究院组织模式及运行机制研究》，《科技进步与对策》2014年第12期。

统计[1][2][3]。根本原因在于产研院作为政府、企业、大学等多方资源主体协同创新的组织，整体资源整合效率并不高[4][5][6]，且不同地区、不同行业的产研院资源整合效率也存在较大的差距[7][8]。产研院的投入产出难以达到理想比例，各方资源利用效率低下，资源整合失范导致结果与目标错位。

资源整合以提高资源利用效率、系统投入产出比及运行绩效为目标，是资源识别、资源获取、资源配置及资源运用等一系列过程的集合，具有"融合"之意。产研院资源整合就是要通过组织的管理协调功能并运用先进的技术将政府、生产、科学、技术等领域的各自优势融合为集研究、开发、生产一体化的先进系统。它既包括对已有优质资源的高效利用及脱离时代资源的扬弃，也需要关注影响产研院未来创新能力的潜在资源（例如文化）培养。

产研院资源整合不同于其他独立系统的特殊之处在于其所需的资源都是来自各个不同领域的法人组织。这些组织本身能够保持其自身的独立运行，它们合作共建产研院的目的实际上是为了追求自身利益的最大化，因此，产研院在整合其建设发展所必需的资源时，必须考虑各组织的成本利益分配问题。只有保证各组织分得的收益大于其提

---

[1] 王守文、徐顽强、颜鹏：《产业技术研究院绩效评价模型研究》，《科技进步与对策》2014 年第 17 期。

[2] 乔辉、刘林青：《国家产业创新视角下产业技术研究院角色研究》，《科技进步与对策》2014 年第 22 期。

[3] 丁云龙、孙冬柏：《产业技术研究院的创建及意义》，《中国高校科技》2012 年第 21 期。

[4] Chakravarthy Balaji S., Doz Yves, "Strategy Process Research: Focusing on Corporate Self-renewal", *Strategic Management Journal*, 2012, 13 (5): 5 – 14.

[5] 杨玥：《产业技术研究院运行机制研究》，硕士学位论文，河北工业大学，2014 年。

[6] 赵华影：《产业技术研究院绩效评价体系研究》，硕士学位论文，河北工业大学，2014 年。

[7] Cyert, R. M., Goodman, P. S., "Creating Effective University-Industry Alliances: an Organizational Learning Perspective", *Organizational Dynamics*, 1997, 25 (4): 45 – 57.

[8] Santoro, M. & Chakrabarti, A., "Corporate Strategic Objectives for Establishing Relationships with University Research Centers", *IEEE Transactions on Engineering Management*, 2001, 48 (2): 157 – 163.

供相应资源的所耗成本时，产研院才能保持稳定的发展。同时，在此基础上，产研院还需要筛选出能够获得最大收益的资源整合方式。基于以上分析，产研院的资源整合就变成了单目标多约束的求解问题，属于 NP（Non-deterministic Polynomial）问题，具有较高的求解难度[1][2]。正是由于产研院资源配置问题的复杂性，传统的定性分析或者借助专家经验判断的定量分析都难以从根本上解决这类问题，而蚁群算法等启发式优化算法以计算机编程为工具，能够实现这类复杂组合优化问题的求解。

蚁群算法源于对自然界蚂蚁寻找从蚁巢到食物的最短路径并找到回巢路径方法的研究。它的最初设计正是为了解决旅行商问题（TSP）等大型复杂组合优化问题，只要问题结构本身能提供解题用的启发式信息，能够建立目标函数及约束机制，便可以通过对原有算法进行修改，实现该算法的应用。但由于蚁群算法本身存在收敛较慢、容易陷入局部最优等问题，针对传统蚁群算法存在的缺陷进行改进，力求在提升蚁群算法收敛性的基础上，筛选出最优效益下的产研院资源整合方式。

第二节 经济新常态视野下的产研院资源归类

所谓经济新常态，就是指经济的发展经历过了传统的粗放式发展阶段，现已达到资源环境友好型的发展阶段，相比大量使用资源，更加重视资源的使用质量及效益。"常态"说明现状态是经过长期的量变积累导致质变后所形成的一个今后相对稳定并将长期保持的状态，是对"以经济建设为中心"的扬弃，根本目的是建立资源与环境并举的

---

[1] 伍春林：《基于改进蚁群算法的微电网 DG 选址与定容》，硕士学位论文，中南大学，2010 年。

[2] 柯人观：《微电网典型供电模式及微电源优化配置研究》，硕士学位论文，浙江大学，2013 年。

经济发展方式。资源依赖理论（Resource Dependence Theory）认为资源是维持组织或某种行为存在并取得发展的源动力，从维系经济新常态的角度促进产研院的发展同样需要做好产研院的资源整合工作。这里的资源主要是指产研院在发挥维系当前经济新常态作用的过程中可利用的所有有利因素和条件。根据它们在维系经济新常态中发挥的作用，结合其自身特点，可划分为环境资源、基础资源及保障性资源三大类。

一 环境资源

产研院支持经济新常态的环境资源。环境资源是指产研院可以直接从其所处大环境中汲取的资源，主要包括理论资源及社会资源两大类。其中理论资源是指国内外学者发表的关于经济新常态及产研院的公开刊物、著作等。社会资源是产研院在维系经济新常态中可资利用的所有社会有利因子，无论是发展产研院还是维系经济新常态，归根结底都是为了服务社会，社会自然也有责任与义务去配合产研院的工作，实际上也具有这个能力。社会资源包括公众对经济新常态及产研院的信任，积极通过网络信息平台反馈用户需求，指引产研院把握研发重心，发表具有创新价值的观点，引起相关责任部门的重视。通过对社会资源的有效利用，能够促进全社会的协同配合，共同为产研院的建设及维系经济新常态出力。

二 基础资源

产研院支持经济新常态的基础资源。基础资源是指产研院维系经济新常态所必需的基础性投入资源，主要包括物质资源及文化资源两大类。其中物质资源是维持产研院自身正常发展所需的物质能量及来源，是产研院运行发展的根本前提，涉及产研院的用地、建筑房屋及科研仪器设备，主要财政投入由合作方共同集资获得。文化资源则是产研院维系经济新常态的重要软实力，是维系产研院各组成子系统合作关系的重要纽带，通过营造统一的组织文化，促使产研院的合作主体能够致力于实现其共同的目标，对于促进产研院真正意义上的融合具有重要意义。

三 保障性资源

产研院支持经济新常态的保障性资源。保障性资源是指保障产研院发展和维系经济新常态的各类因素及条件，主要包括法律政策、组织制度及人才资源三大类。政府的法律政策反映国家层面对产研院建设发展及维持经济新常态的支持，政府可通过制定相关政策从宏观上对产研院的建设及经济新常态的维系进行方向上的指导和纠正。组织制度是根据产研院的实际特点，设计出合理的产研院组织管理方式，并通过运用先进的管理方法和手段，达到产研院稳定发展的目标。人才资源则是推进产研院建设发展和维系经济新常态所必需的智力要素，是一个涵盖科研人才、管理人才及经营人才的多领域人才资源系统，产研院可根据自身发展需求，从各个行业领域引入或者自身培养相关人才资源。

第三节 基于改进蚁群算法的产研院资源筛选

一 基本蚁群算法

蚁群算法的最早提出者 Dorigo M. 是用它求解 TSP（旅行商）问题[1]，

---

[1] M. Dorigo, V. Maniezzo, A., Colorni, Ant system: Optimizationbyacolonyofcooperatingagents, *IEEE Transactionson Systems*, Man, and Cybernetics-Part B, 1996, 26 (1): 29–41.

下面将用这个例子简要说明一下基本蚁群算法的求解原理。如图 11-1 所示，D 与 F、F 与 B 间的距离均为 1，D 与 C、C 与 B 间的距离均为 0.5，现蚁群将寻求 A 与 E 间的最短距离。假设每单位时刻会有 30 只蚂蚁从 A、E 同时出发，速度为 1，蚂蚁在行走过程中单位时刻释放信息素浓度为 1，用于彼此间的信息传递。t = 0 时，假设各有 30 只蚂蚁分别位于 B、D，初始时刻各条路径上的信息素浓度均为 0，因此蚂蚁选择分叉路径的概率相等，即选择 BF、BC、DF、DC 支路各 15 只蚂蚁，如图 11-1（b）所示。t = 1 时，BF 路径上的信息素浓度变为路径 BC 的一半，后续蚂蚁选择路径的概率随之发生改变，选择路径 BC 的蚂蚁将为选择 BF 的两倍，同理可得 D 点蚂蚁选择路径的行为，如图 11-1（c）所示。只有所有蚂蚁都选择同一路径时，上述过程才会终止。

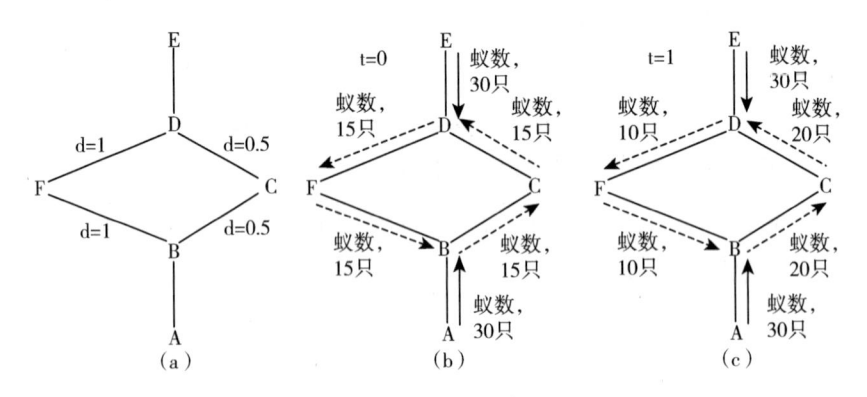

图 11-1　TSP 问题搜索路径

根据上述分析可知，蚁群算法求解目标最优问题主要依靠两点：启发式信息及正反馈机制。启发式信息往往与目标函数正相关，在 TSP 问题中就是蚁群将优先选择走最短路径，正反馈机制就是蚁群将根据信息素浓度的高低来选择路径。这两种机制虽然有助于蚁群找到最优解，但是在使用时还需注意它们的作用强度，作用强度太大，将使问题陷入局部最优。

二 蚁群算法的改进

由于蚁群算法是利用正反馈机制搜索目标最优解,若在局部范围内存在明显优于其他解的情形,蚁群将很容易陷入局部最优,而难以跳出局部范围搜索全局范围内的最优解。为此,在基本蚁群算法的基础上引入另一种重要机制:信息素挥发机制。随着搜索过程的前行,假定信息素会以一定速度挥发掉,这样就不会因为正反馈作用太强而使算法过早收敛,陷入局部最优。

上述三种机制的互动博弈将决定蚁群算法搜索全局最优解的能力及求解速度,启发式信息或正反馈机制作用过强将容易使算法陷入局部最优,信息素挥发机制作用过强将导致算法难以收敛,降低求解速度,合理配置这三种因子的作用强度是改善蚁群算法的关键。因此,本章提出了一种基于迭代次数的因子取值方式。算法初期,需要扩大蚁群搜索解的范围,避免算法出现过早收敛而陷入局部最优,为此需要降低启发式信息及正反馈机制对蚁群选择路径概率的影响。而到了算法后期,则需要加快算法的收敛速度,完成求解。为此则需要增大启发式信息及正反馈机制对蚁群选择路径概率的影响。以 β 的取值大小代表两种机制的作用强度,则本章提出的基于迭代次数的因子取值方式如式(11-1)所示。

$$\beta = \begin{cases} \beta_0, & 0 < N < N_0 \\ \beta_1, & N_0 < N < N_{max} \end{cases} \quad (11-1)$$

式中,N_{max} 表示最大迭代次数,经反复测验,N_0 的取值在 20% N_{max} 与 40% N_{max} 之间最为合适,$\beta_0 < \beta_1$。

将基本蚁群算法和改进后的蚁群算法同时应用到 TSP 问题的求解中,可以发现经改进后的蚁群算法经过 25 次迭代就能准确寻找到最优解,而基本蚁群算法则需要 42 次,相比之下,改进后的蚁群算法能够实现更快的收敛,减少了算法所耗时间。同时,仔细研究曲线变化规律,可以发现,基本蚁群算法有多次陷入局部最优的情况,分别发生在第5次、第18次、第28次,且持续时间较长,而改进后的蚁群算法仿真曲线较为平滑,少有陷入局部最优的情况。因此本章所提的改进蚁群算法不但提高了算法搜索全局最优解的能力,还提升了算法的收敛速度。实际仿真对比曲线如图11-2所示。

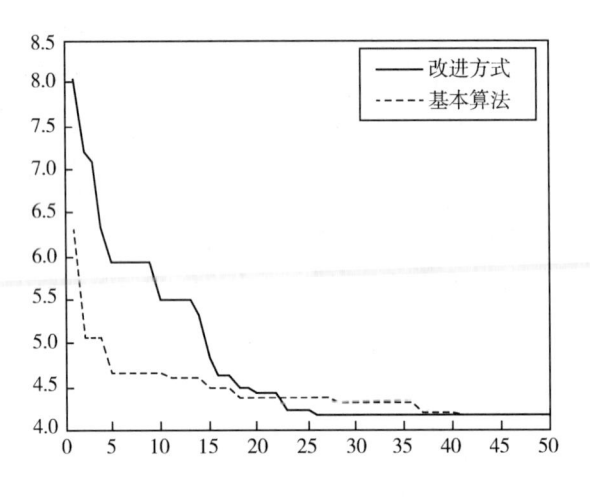

图11-2 目标函数对比曲线

三 产研院资源筛选问题建模

通过产研院的资源归类研究可以发现,新常态背景下,产研院谋求发展可资利用的资源种类复杂多样,并不是整合每种资源所带来的收益都能大于其自身的成本损耗,在规定的成本损耗内,寻求效益最大的资源整合方式的研究就变得十分有意义。产研院资源筛选是在维系产研院利益共同体稳定性的基础上所考虑的一系列成本、收益的组合优化问题,其本质是寻求一种最优的资源整合方式,以实现最小的资源成本损耗获得最大的收益。现尝试建立上述过程的数学模型:假设资源 i 的成本为 c_i，整合该资源增加的产研院收益为 e_i，投资获取资源的总成本不得超过 C，现需要从众多资源中寻求一种最优的整合方式来实现收益的最大化。

上述过程实际上就是一个单目标、多约束的线性组合优化问题，可被简化为以下数学模型

$$\max \sum_{i=1}^{n} e_i x_i = e_1 x_1 + e_2 x_2 + \cdots + e_n x_n$$

$$s.t. \begin{cases} \sum_{i=1}^{n} c_i x_i \leqslant C \\ x \in \{0,1\}; 1 \leqslant i \leqslant n \end{cases} \quad (11-2)$$

上式表明共有 n 种资源待整合，而且并不是所有的资源都会参与整合，若某种资源最终被选中参与整合，则 $x_i = 1$，否则 $x_i = 0$。

四 产研院资源筛选问题的求解算法

利用改进蚁群算法寻求产研院资源整合的最优方式，必须在该问题中找到对应改进蚁群算法的三大机制：启发式信息、正反馈机制及信息素挥发机制。根据产研院资源整合问题的数学模型，可将启发式信息定义为 $\eta_i = e_i / c_i$，代表蚁群选择资源 i 的期望程度，某种资源所带来的效益成本比越大，则该资源被蚁群选择的概率越大。启发式信息与正反馈机制共同决定蚁群选择某种资源的概率。如式（11-3）所示

$$P_i^k = \begin{cases} \dfrac{\tau_i^{\alpha} \eta_i^{\beta}}{\sum \tau_i^{\alpha} \eta_i^{\beta}} & i \in J(k) \\ 0 & i \notin J(k) \end{cases} \quad (11-3)$$

其中，α 为信息素 τ_i 的作用系数，β 为启发式信息 η_i 的作用系数，均为常数。P_i^k 的值越大，表示资源 i 被蚂蚁 k 选中的概率越大。

J(k) 表示未被选中的资源集合。

信息素的挥发是为了避免算法陷入局部最优，其更新方式分为局部更新和全局更新，局部更新是指每当一只蚂蚁选定某种资源 i 后，对资源 i 上的信息素进行更新以避免对后续蚂蚁的选择造成太大影响，如式（11-4）所示

$$\tau_i = (1 - \rho_0)\tau_i + \rho_0 \Delta\tau_i^k \qquad (11-4)$$

其中，ρ_0 为局部挥发因子，$0 < \rho_0 < 1$，$\Delta\tau_i^k$ 是蚂蚁 k 在资源 i 上留下的信息素，局部更新可以使已选资源上的信息素减少，后续蚂蚁选择其他资源的概率就会变大，避免算法在初期就过早陷入局部最优。全局更新是指蚁群每完成一次迭代对所有资源上的信息素都要进行更新，更新方式如式（11-5）所示

$$\tau_i = (1 - \rho_1)\tau_i + \rho_1 \Delta\tau_i \qquad (11-5)$$

其中，ρ_1 为全局挥发因子，$0 < \rho_1 < 1$，$\Delta\tau_i$ 为每次迭代后给资源 i 特增的信息素，若当前的资源整合方式能使效益达到最大，则适当增加对应资源的信息素，反之则适当减少对应资源的信息素。如式（11-6）所示

$$\Delta\tau_i = \begin{cases} \dfrac{Q}{\max\sum_{i=1}^{n} e_i x_i} & \text{若当前的资源整合方式能使产研院效益达到最大} \\ 0 & \text{其他} \end{cases} \qquad (11-6)$$

其中 Q 为一个具体常数。

利用改进蚁群算法求解产研院资源整合问题的步骤如下：

（1）主要参数赋值，定义蚂蚁数为 m，迭代次数 N_0、N_{max}，信息素作用系数为 α，启发式信息作用系数为 β_0、β_1，各类待整合资源上的信息素浓度 τ_i 均为 1。

（2）按照式（11-3）计算蚂蚁选择各类资源的概率 P_i^k，并选择其中的最大者，但选择前需要对该资源进行判断，只有加上该资源所

需成本后的总成本小于 C，才确定选择，否则不予选择。

（3）每当蚂蚁选择了一类资源，需按照式（11-4）对该资源上的信息素进行局部更新。

（4）当所有蚂蚁都完成选择即一次迭代结束后，需按照式（11-2）计算所有蚂蚁的目标函数值，并记录下当中的效益最大值及相应的资源整合方式。

（5）每当蚁群完成一次迭代操作，需按照式（11-6）进行信息素的全局更新。

（6）重复步骤（2）至步骤（5），直到达到最大迭代次数，终止迭代。

第四节　经济新常态视野下产研院资源整合平台

根据改进蚁群算法完成产研院资源的筛选能够确立最优效益下的资源组合方式，然而从经济新常态的视角出发，要想实现真正意义上的资源有机整合，还需要根据信息、知识、文化、制度等要素的新常态特质搭建基础平台。只有建立扎实的基础平台，才能够实现快速反应并满足产研院资源需求，避免资源的重复投入和浪费，使根据产研院资源筛选模型及改进蚁群算法求解确立的资源整合方式能够按照预期发挥功效，解决当前经济新常态中的产能过剩问题，达到降低资源损耗成本并使效益最大化的目标。

一　信息基础平台

产研院作为由各领域的独立系统高度集成的法人组织，信息畅通是保障合作的重要基础。尤其是在经济新常态背景下，信息发展日新月异,互联网作为当前最热门的产业之一,处于转型期经济腾飞的"风口"①。只有利用网络建立一个信息基础平台,将具有不同资源优势的合作主体连接起来,形成一个跨越空间领域的资源链,才能保障信息的及时性、便捷性及高效性。产研院在进行资源整合的过程中,由于根据产研院资源筛选模型及改进蚁群算法求解确立的资源整合方式具有严格的量化特性,对资源整合的精确度要求较高,资源投入过多或者过少都将对产研院的资源整合效益产生影响,只有严格按照产研院资源筛选模型及改进蚁群算法求解所确立的资源组合方式进行资源供给及整合才能取得预期效果,因而对于整合过程中相关信息传递的及时性及真实性要求较高。通过信息基础平台,各合作主体便可及时掌握其他合作主体的当前工作状态、资源更新情况及资源供需状况,方便管理层从整体上对资源的供需进行调整。同时为了保证信息传递的流畅性,还需要统一信息标准和通信协议,因为来自不同领域的合作主体采用的通信软硬件、通信标准及协议一般都会存在差异,因此,建立统一的信息基础平台是保证根据改进蚁群算法确立的资源整合方式能够达到预期效果的基础。

二 技术基础平台

当前经济新常态面临的一个重大问题就是我国的民族企业缺乏关键的核心技术,单纯依靠引入国外技术,而事实上所引入的大多都是国外已经淘汰掉的技术,陷入了一种恶性循环,导致在与国外企业竞争中始终处于技术利润的弱势。对致力于提升国内产业技术的产研院而言,就很有必要建立自己的技术基础平台。产研院技术基础平台的

---

① 李克强:《身处风口,供应链变革走向"互联网+"》,《全国商情》(经济理论研究) 2015年第6期。

特质在于它的共享性，通过技术基础平台不但可以共享来自各领域参与主体核心资源中可以分享的技术及核心资源中延伸出来的技术，还可以共享共同研发出的新技术。在利用改进蚁群算法求解产研院的资源筛选问题时，对于不同的产研院会存在差异，这是因为不同的产研院所掌握的知识技术储备不同，例如产研院资源筛选问题建模时的模型参数及求解所必需的原始数据都不可能完全一样。因此，根据蚁群算法确立最优效益下的资源整合方式必须进行相关知识技术的储备，统计相关资源主体在整合某种资源时所付出的成本及预期得到的收益。通过组建技术基础平台，不但可以弥补产研院资源配置的基础技术空白，而且可以解决单个领域的资源主体在进行分工时可能面临的技术困境，方便主体在获取所需技术时可以及时进行查询，而不必临时联系相关优势领域的参与主体，提高了工作效率。同时，对于参与组建产研院的民族企业，通过知识基础平台还可以有效弥补当前经济新常态中普遍面临的核心技术体系不足的问题，相比引入外资而无法引入技术的现状，反而能收获更多，缓解与国外企业竞争中一味遭受挤压的尴尬趋势。

三 文化基础平台

经济新常态理论认为文化建设是经济建设的内驱力，产研院作为集合众多文化主体的新系统，建设文化软实力的首要目标便是要统一文化氛围，只有形成产研院整体都遵循的文化氛围，才能消除参建成员彼此间由于文化差异所造成的不信任，从根本上统一目标，共同致力于实现产研院整体效益的最大化，文化基础平台就是为此成立的。统一文化氛围的根本在于自主创新，文化基础平台不仅为参与主体提供了文化交流、消除彼此戒备心理的场所，而且致力于培养以自主创新为导向的集体文化，从而发挥对经济发展的驱动作用。在产研院资源整合过程中,统一的文化氛围同样非常重要,因为根据产研院资源筛选模型及改进蚁群算法求解所确立的资源整合方式实际上是一种较为理想的资源整合方式,筛选出的资源来自不同相关资源主体且需要的量也存在差异。能否顺利实施取决于各参与主体是否能够做到彼此信任,不过分计较个体自身的得失,而以产研院的整体效益最优为最终目标。文化基础平台不但可以营造出产研院资源整合的良好氛围,而且以自主创新为导向的集体文化还可以吸引更多的民族企业投身到与国内各个领域优势资源主体合作的平台中来。

四 制度基础平台

转变经济发展方式,维持经济新常态,需要新的制度作保障。建立一套科学的新制度,与市场调控相呼应,对于保障产研院的顺利发展、适应新的经济发展方式,具有重要意义。产研院的制度基础平台就是为了找准制度与市场功能的最佳调和点而存在的,主要包括法律形式的正式制度及意识、规范形式的非正式制度,它们的共同目标是为了规范组织行为,应对市场调控所存在的不足。产研院的制度基础平台必须具有针对性,所有的规定都必须针对市场调控存在的漏洞,绝不允许出现繁杂冗余的条条框框。在产研院资源整合的过程中,要想确保根据产研院资源筛选模型及改进蚁群算法求解确立的资源整合方式能够发挥预定功效,单纯依靠信息、知识及文化基础平台的支撑还远远不够,还必须针对资源的供给问题形成明文约束,包括签订各类双边或多边协议。通过制度基础平台,不但可以管理和规范参与主体的行为,弥补市场调控存在的不足,确保产研院的正常运转,而且还可以明确划分参与方的权责,激励各参与方积极参与资源整合,从而促进各参与方融合为一个风险利益共担的整体。同时,规范的制度基础平台可增加民族企业对产研院这种规范化产学研合作方式的信任,有利于吸引更多的民族企业加入到产研院的合作中来，尤其是在产能过剩的情形下，单纯依靠出口加工已经无法满足企业发展的需求，更多的企业将被迫去提升自身的技术水平及产品质量，产研院这类规范化组织将迎来历史性的发展前景。

本章小结

根据产研院资源筛选模型及改进蚁群算法求解所确立的资源整合方式涉及参与各方的利益，来自不同领域的独立组织在进行资源整合时必然会存在利益冲突，因此有必要成立专门的决策小组负责协调解决资源整合过程中所遇到的各类问题，包括资源的价值评价及利益分配、资源的供给与提升及资源的动态调整与整合等。产研院的资源整合决策小组最好是由来自参与各方的管理层组成，通过有效的协商和管理，扫除资源整合过程中的一切障碍，保证产研院资源的顺利有机整合。

产研院资源整合的目标是要形成产研院的核心资源体系及对应的组织管理机制。具体表现为以下3点：

（1）创新研发活动与要素资源的对应性。产研院所进行的研发、转化等一系列活动都应围绕产研院所具备的要素资源进行。

（2）产研院要素资源形成与资源使用的对应性。产研院所拥有资源的正确流向一定是致力于培养及强化产研院的核心技术要素资源。

（3）要素资源间的组织协调与核心资源体系形成的对应性。产研院要想形成赖以生存发展的核心资源体系，离不开要素资源的相互协调配合，通过对要素资源的组织协调，产生1+1大于2的效应，极大地增强了资源创造价值的特性。

在经济新常态下，以自主创新为导向的产业技术研究院（以下简称"产研院"）迎来了重要发展机遇。产研院是解决我国目前经济问题的重要手段，其发展取决于资源整合的好坏。产研院资源整合是在对资源进行筛选的基础上，将新常态下分散的资源集合为产研院赖以生存发展的核心资源体系的过程，由于产研院资源筛选属于复杂的非线性组合优化问题，因此结合蚁群算法的特性并在对其进行改进的基础上应用于产研院资源筛选。最后，提出应根据新常态下经济发展的特点，实现产研院资源的有机整合。

　　基于经济新常态的视角采用定性与定量相结合的方法研究产研院的资源整合问题，首先对经济新常态背景下的产研院资源进行分类；然后在对蚁群算法进行改进的基础上建立产研院资源筛选模型并介绍了相应的求解算法，确立最优效益下的资源整合方式；最后根据新常态特质提出构建信息、知识、文化及制度等基础平台并通过组建决策小组的方式整合出产研院所独具的赖以生存发展的核心资源体系。本章为经济新常态背景下产研院资源整合的进一步定量研究提供了参考。

第十二章　产业技术研究院资源配置效率评价

第一节　绪论

一　典型产业技术研究院的发展历程

产业技术研究院是完成区域科技创新建设不可缺少的一部分，对产业发展、整合科技创新资源、完善产业技术创新链、开展产业共性关键技术研发、科技成果转化、产业技术服务等活动有着巨大的作用。

2006年2月，中国科学院深圳先进技术研究院（Shenzhen Institutes of Advanced Technology, Chinese Academy of Sciences）由中国科学院、深圳市人民政府及香港中文大学友好协商，在深圳市共同建立，简称先进院；2015年，获批全国博士后工作站。截至2016年年底，研究院拥有员工1283人，拥有中国工程院院士3人。据2017年3月先进院官网显示，先进院拥有6个研究所和1个研发中心，外溢机构有5个、创新与育成中心有2个；拥有博士后科研流动站1个、一级学科博士点2个、一级学科硕士点2个、二级学科硕士点2个、全日制专业学位硕士点5个。2018年3月22日，中国科学院深圳先进技术研究院正式获得国际AAALAC认证。

2006—2015 年，共建设 62 个国家/省部及市级创新载体。其中：国家级创新载体 7 个；重点实验室 22 个，包括中科院重点实验室 2 个，广东省重点实验室 4 个，深圳市重点实验室 16 个；工程实验室 18 个；工程中心 6 个；公共技术平台 16 个。

据 2017 年 3 月先进院官网显示，先进院十年来累计发表专业论文 5628 篇，其中 SCI 2239 篇，JCR 一区 1205 篇。WFC 指数全国排名第 68 位，全国科学院第 26 名，全省第 4 名，全市第 2 名。陆续在 *Nature*、*Science* 等世界与行业顶级科学期刊、SIGGRAPH 等行业顶级学术会议发表论文数篇。

据 2017 年 3 月先进院官网显示，先进院十年来累计申请专利 4437 项，已授权 1619 项，PCT 申请 214 项。近三年来，科研单位国内发明专利申请量全省第一，全国第二，转移转化率达 29%，成为广东省科研机构唯一一家国家专利协同运用试点单位、国知局审查员实践基地。根据《智能电网专利分析和布局》《核磁影响专利分析和布局》《低成本健康专利布局》《机器人项目》《抗体专利池项目》《智慧城市及大数据专利分析与预警项目》6 个项目搭建了相关的专利池。截至 2016 年 8 月，先进院已授权的知识产权为 1619 件。

2006—2015 年，先进院共获批纵向科研项目 2180 项，留院合同总额累计 19.07 亿（不含人才项目）。其中，国家级项目 573 项，留院合同额为 55815 万元，包括牵头承担国家重点基础研究发展计划以及国家重大科学研究计划（973 计划）项目 3 项，国家自然科学基金重大科研仪器研制项目（部门推荐）1 项，国家杰出青年科学基金项目 4 项；中科院项目 238 项，留院合同额为 36733 万；广东省项目 161 项，留院合同额为 9498 万；深圳市项目 1131 项，留院合同额为 86618 万；累计完成 1265 个项目结题；获得 1 项广东省科学技术奖技术发明类一等奖，国家专利优秀奖一项，参与项目获 2015 年度国家科技进步二等奖两项。

二 资源配置

最初的关于资源配置（resource allocation）的理论基本上都是从农业经济理论中延伸出来的。资源配置对于任何部门、任何行业的发展都是非常重要的，资源配置是指对相对稀缺的资源在各种不同用途上加以比较做出的选择。资源是指社会经济活动中对人、物、资金的聚合，是社会经济发展的基本物质条件。随着社会的发展人们对物质文化需求的进一步提高，资源就表现出一种稀缺性，对稀缺的资源进行最高效的配置，不仅能够达到节约资源的目的，还能够满足人们的日常需求。因此，资源配置问题就显得尤为重要，资源配置合理与否，对一个国家经济发展、社会和谐有着极其重要的推动作用。

资源的定义有狭义和广义两种。狭义的指自然资源；广义的不仅指自然资源，还包括经济资源与生产要素和资本等，这是从经济学角度的分析。更加广泛的定义是指社会经济活动中人力、物力和财力的总和，是社会经济发展的基本物质条件。并且资源的稀缺性将会伴随着人类社会的发展。资源配置处理的问题是在资源有限需求无限的情况下，国家或者资源拥有者对资源在各领域的分配。资源分配是否合理，对每个领域甚至一个国家来说都至关重要。资源配置是对资源稀缺的一个解决方式，将有限的资源进行最优的配置，目的是发挥资源的最大效益。可以预见，资源配置合理，经济效益就显著提高；资源配置不合理，经济效益就明显低下。资源配置合理与否还会对经济发展快慢有显著影响。这就涉及如何才能更高效地进行资源配置，最大限度地减少资源的浪费，以获得最大的利益。在此，提出动力机制、信息机制与决策机制。动力机制是指资源配置在各层次经济主体发挥效用时就形成动力，进一步形成资源配置的动力机制，以达到资源配置的目标，实现最佳效益。而信息机制是指及时、全面地获取相关的信息，为选择合理配置资源的方案提供来源，信息的收集、传递、分析和利用是通过一定的渠道和机制实现的。决策机制是指资源配置中的集中权力体系和分散权力体系，包括影响投资者风险的承受力以及收益需求的各项因素、影响各类资产的风险收益情况、相关关系的资本市场环境因素、资产的流动性特征、投资者流动性要求、投资的期限、税收政策等等。

产业技术研究院可持续发展的重要手段就是资源优化配置，对效率进行评价研究有助于判断产业技术研究院资源配置的现状，发现不足及原因以便及时进行改善。产业技术研究院能对社会物质资源进行最优的配置，减少社会资源的浪费，达到节约资源的目的，带来更大的社会效益。因此，建立产业技术研究院是对有限资源进行最优配置、节约使用现有资源、保证重点产业对资源的需求。

三　产业技术研究院资源配置

产业技术研究院（下文简称产研院）是指由企业、大学、科研机构或其他组织机构，以企业的发展需求和各方的共同利益为基础，以提升产业技术创新能力为目标，以具有法律约束力的契约为保障，形成的联合开发、优势互补、利益共享、风险共担的技术创新合作组织[1]。产研院作为技术产业化的重要载体，是发展中国家公共技术服务的重要支撑。然而我国产业技术研究院还处在探索阶段，在建设发展的过程中面临着思想认识、发展定位、建设模式、体制机制等方面问题[2]。产研院的资源配置效率是指包括政策、资金、技术、市场等

---

[1] 李新男：《创新"产学研结合"组织模式　构建产业技术创新联盟》，《中国软科学》2007年第5期。

[2] 李建强、黄海洋、陈鹏：《产业技术研究院的理论与实践研究》，上海交通大学出版社2011年版。

各方资源在产研院内的投入、产出的关系，它可以反映出一个产研院运用和整合各方资源的能力，代表产研院技术创新能力的大小，在一定程度上决定着产研院的发展空间。当前我国产研院的整体资源配置效率并不高，投入产出难以达到理想比例，各方资源利用效率低下，资源配置失范导致结果与目标错位。因此，有必要及时对产研院的资源配置效率展开研究。

目前，针对产研院资源配置效率的研究还比较有限，但其评价的切入点和方法却可以借鉴科技资源配置效率的研究。纵观定量研究科技资源配置效率方面的文献，主要有比较分析法，如徐建国（2002）认为：通过横向比较科技各个区域的科技资源配置规模、强度、结构、效果等指标，揭示了科技资源配置过程中所存在的问题，寻求对策[1]。有的学者通过指数比较法进行分析，如连燕华等（2001）设计了科学技术投入指数和产出指数，并利用这两组指数对我国科学技术的发展态势进行了评价[2]。有的学者采用了回归分析法，如李石柱等（2003）运用经济计量学中的回归分析法对区域科技资源配置效益的主要影响因素进行分析排序[3]。李冬梅等（2003）、魏守华等（2005）等学者采用了主成分分析法：李冬梅等通过建立评价科技资源配置效率模型，运用主成分分析方法对我国30个省、市、自治区的科技资源配置效果进行分析，直观再现各地区科技资源配置相对效率值；魏守华等利用改进的层次分析法重新计算和分析了区域科技资源配置效率，最后进行了展望[4][5]。也有的学者采用 DEA 分析法，陆建芳

---

[1] 徐建国：《我国区域科技资源配置能力分析》，《中国软科学》2002 年第 9 期。
[2] 连燕华等：《国家科学技术投入产出评价》，《中国软科学》2001 年第 5 期。
[3] 李石柱、李冬梅、唐五湘：《影响我国区域科技资源配置效率要素的定量分析》，《科学管理研究》2003 年第 21 期。
[4] 李冬梅、李石柱、唐五湘：《我国区域科技资源配置效率情况评价》，《北京机械工业学院学报》2003 年第 18 期。
[5] 魏守华、吴贵生：《区域科技资源配置效率研究》，《科学学研究》2005 年第 4 期。

等（2012）通过对传统 DEA 模型进行改进，实现了有效值单元的再排序，并将其应用到了企业技术中心技术创新资源配置效率的评价中[1]。周勇（2017）以创新管理和组织管理等理论为基础，采用案例分析方法，系统研究新型产业技术研究院的资源配置问题[2]。黄薪萌等（2016）在国内外研究成果的基础上，从创新资源整合、体制机制创新、"五位一体"功能实现、财政资金管理四个维度构建了区域产业技术研究院运行绩效评价指标体系[3]。上述文献方法赖以存在的一个共同特征在于国内统计部门公开的统计年鉴提供了大量数据资料，可作为模型方法应用的原始材料支撑。而对于处于发展初期的产研院而言，缺乏具有价值的官方统计数据作为基础，因此，上述通过对大量原始数据统计分析得出结论的方法均不适合当前产研院资源配置效率的研究。

为了进一步提升产研院整合外部资源的能力及资源配置的有效性，本章试图建立产研院资源配置有效性评价指标体系，从提升产研院投入产出比入手，运用投入产出法构建产研院资源配置效率评价模型。运用该模型对实际产研院资源配置进行评价，不仅可通过计算结果直观再现产研院整体资源配置效率大小，而且还可以通过原始数据与指标权重间的关系找到今后产研院改进的方向。采用投入产出法对产研院资源配置效率进行研究，除了因为该方法自身的优势之外，主要是由于该方法特别适用于具有多输入、多输出的复杂系统，主要表现为：该算法并没有明确多输入、多输出指标间的对应关系，可以避免确定这种对应关系的主观影响。另外，该方法所构建的模型简单明确，适合于单个产研院的评价，在当前缺乏官

---

[1] 陆建芳、戴炳鑫：《企业技术中心技术创新资源配置效率评价》，《科研管理》2012 年第 1 期。

[2] 周勇：《新型产业研发组织建设研究》，硕士学位论文，东南大学，2017 年。

[3] 黄薪萌、李亚丹、陈磊等：《区域产业技术研究院运行绩效评价指标体系研究》，《中国科技资源导刊》2016 年第 48 期。

方数据支撑的背景下,仅通过少量数据便可以完成产研院资源配置效率的评价研究,从而为产研院的资源配置效率评价提供了一种新的模型,也为产研院的决策部门提供了较为客观的决策依据,具有较高的理论与实践价值。

第二节 产研院资源配置效率评价指标体系设计

一 产研院资源及其分类

产研院作为一个由政府、企业、高校及科研机构等子系统组成的整体,其本身也是作为系统存在。而产研院的资源就好比支撑系统运行的血液,"血液"来源于组成产研院整体的各个独立运行子系统,例如政府为产研院提供资金、政策,企业为产研院提供资金、市场,高校及科研机构为产研院提供人才、信息。资源配置就好比系统的经脉网络,将资源引导输送至系统的各个部分,从而支撑系统的健康运转。产研院系统组成及资源投入如图12-1所示。

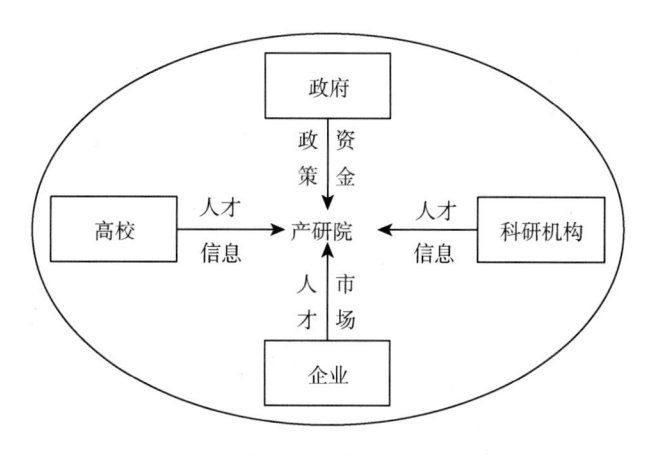

图 12-1 产研院系统组成及资源投入

综合相关文献及有关专家的意见,并结合产研院自身的特点,本章认为产研院的资源主要包括:人力资源、财力资源、物力资源、信息资源、政策资源及市场资源。这些资源要素在产研院资源配置活动中不可或缺,但绝大多数物力、信息、政策及市场资源都根本表现为人力及财力资源。因此,人力和财力资源在产研院资源要素中应该具有代表性。

二 评价指标体系的建立

对产研院进行资源配置效率评价,先要研究产研院的资源投入及产出维度。产研院的投入资源包括人力、财力、物力、信息、政策及市场,但后四者难以量化且通常反映在前两者上,因此本章在分析产研院的投入维度时,仅考虑了前两者。产研院的产出维度主要体现在科技产出及经济产出两个方面,科技产出反映了产研院的技术创新能力,主要通过论文及专利的形式体现。经济产出反映了产研院对地方经济及中小企业发展起到的促进作用。本章在遵循科学性、可比性、可行性及适应性原则的基础上,设计了包含人力、财力两方面的投入维度指标及包含科技、经济两方面的产出维度指标。其中针对人力投入,又设计了科技活动人员、科学家与工程师数、R&D人员的培养三个指标,财力投入方面,设计了土地、房屋建筑、仪器设备、科研经费及其他资金投入四个指标。科技产出包括科技论文数及专利授权量,经济产出包括孵化企业数及带动企业新增产业产值。构建的具体指标体系如表12-1所示。

表 12-1　　　　　产研院资源配置效率评价指标体系

一级指标	二级指标	三级指标	
产研院投入维度	人力投入	X_1	科技活动人员
		X_2	科学家与工程师数
		X_3	R&D人员的培养
	财力投入	X_4	土地、房屋建筑
		X_5	仪器设备
		X_6	科研经费
		X_7	其他资金投入
产研院产出维度	科技产出	X_8	科技论文数
		X_9	专利授权量
	经济产出	X_{10}	孵化企业数
		X_{11}	带动企业新增产业产值

第三节　产研院资源配置评价

一　问题提出

投入产出法是由美国经济学家列昂惕夫提出的一种现代经济数量分析方法①，可用于分析部门或系统投入与产出间的关系。通过产出投入的比值大小反映部门或系统的运行绩效，属于生产力的观点，与公共或非营利部门的目标不谋而合。生产力属于系统性概念，是效率与效益的总和，其中，效益着重反映组织达成既定目标的程度，效率着重反映组织运用资源的能力②。产研院作为非营利组织，根本目标在于推动科技成果转化为生产力，其绩效也主要反映在对效率及效益的追逐上，适合运用投入产出法进行分析。依据所建立的产研院资源

---

① 刘起运、陈璋、苏汝劼：《投入产出分析》，中国人民大学出版社2006年版。
② 施能杰：《建构行政生产力衡量方式之刍议》，《中国行政》2001年第69期。

配置效率评价指标体系,所建立的产研院资源配置效率评价模型如式（12-1）至式（12-3）所示：

$$E_i = \frac{C_i}{T_i} \quad (12-1)$$

$$C_i = \lambda_1 C_{i1} + \lambda_2 C_{i2} + \lambda_3 C_{i3} + \lambda_4 C_{i4} \quad (12-2)$$

$$T_i = \delta_1 T_{i1} + \delta_2 T_{i2} + \delta_3 T_{i3} + \delta_4 T_{i4} + \delta_5 T_{i5} + \delta_6 T_{i6} + \delta_7 T_{i7} \quad (12-3)$$

其中,C_i 是产研院产出综合指标,C_{i1}、C_{i2}、C_{i3} 及 C_{i4} 分别代表表12-1中产研院的四个产出指标,$\lambda = (\lambda_1, \lambda_2, \lambda_3, \lambda_4)^T$ 是产研院产出指标的权重向量。T_i 是产研院投入综合指标,T_{i1}、T_{i2}、T_{i3}、T_{i4}、T_{i5}、T_{i6} 及 T_{i7} 分别代表表12-1中产研院的7个产出指标,$\delta = (\delta_1, \delta_2, \delta_3, \delta_4, \delta_5, \delta_6, \delta_7)^T$ 是产研院投入指标的权重向量。

实际应用中,该模型还需要解决两个关键问题：①投入产出指标量纲不一,无法直接进行基本加减乘除运算。②如何确定指标权重,即指标权重向量的计算问题。

二 问题解决

针对以上两个问题,本章分别采用标准化处理法及层次分析法予以解决：

（一）标准化处理法

标准化处理的目的是消除指标量纲,使原本不能直接进行基本运算的指标可以顺利完成运算。标准化处理的方式较多,根据实际需要可选用不同的方式,本章选用的标准化公式如式（12-4）所示：

$$L^* = 0.1 + 0.9 \times \frac{L - L_{min}}{L_{max} - L_{min}} \quad (12-4)$$

（二）层次分析法计算指标权重

由于产研院的指标权重无法直接通过准确计量取得,而权重本身又体现着决策者的偏重喜好,针对不同产研院发展目标的差异,指标权重可能会略有不同。因此选用通过较少定量信息便能实现思维决策过程数学化的层次分析法来确立指标权重是一种合适的选择。

采用层次分析计算指标权重离不开判断矩阵的构建,本章采用1—9标度法,数值含义如表12-2所示。

表 12-2   相对重要性标度

标度 a_{ij}	定义
1	i 因素与 j 因素同等重要
3	i 因素比 j 因素略重要
5	i 因素比 j 因素较重要
7	i 因素比 j 因素非常重要
9	i 因素比 j 因素绝对重要
2,4,6,8	上述相邻判断的中间值
倒数	若因素 j 与 i 的重要性比为 a_{ji},则 $a_{ji} = 1/a_{ij}$

从产研院的组成子系统,即政府、高校、企业及科研机构中各邀请5位专家完成问卷,共计问卷20份,经判定结果加权平均,得到的最终结果如表12-3至表12-9所示。

表 12-3   产研院投入准则层

产研院投入	人力投入	财力投入	权重 W
人力投入	1	1/2	0.333
财力投入	2	1	0.667

表 12-4   产研院人力投入准则层

人力投入	科技活动人员	科学家与工程师数	R&D人员的培养	权重 W
科技活动人员	1	1/3	1/3	0.1396
科学家与工程师数	3	1	1/2	0.3325
R&D人员的培养	3	2	1	0.5278

表 12-5　　　　　　　　　产研院财力投入准则层

财力投入	土地、房屋建筑	仪器设备	科研经费	其他资金投入	权重 W
土地、房屋建筑	1	2	1/2	3	0.2772
仪器设备	1/2	1	1/3	2	0.1601
科研经费	2	3	1	4	0.4673
其他资金投入	1/3	1/2	1/4	1	0.0954

表 12-6　　　　　　　　　产研院产出准则层

产研院产出	科技产出	经济产出	权重 W
科技产出	1	1/2	0.333
经济产出	2	1	0.667

表 12-7　　　　　　　　　产研院科技产出准则层

科技产出	科技论文数	专利授权量	权重 W
科技论文数	1	1/3	0.25
专利授权量	3	1	0.75

表 12-8　　　　　　　　　产研院经济产出准则层

经济产出	孵化企业数	带动企业新增产业产值	权重 W
孵化企业数	1	1/2	0.333
带动企业新增产业产值	2	1	0.667

根据上述指标权重，计算得到权重向量的最终结果如表 12-9 所示。

表 12-9　　　　产研院投入、产出权重向量的计算结果

权重向量	λ_1	λ_2	λ_3	λ_4	δ_1	δ_2	δ_3	δ_4	δ_5	δ_6	δ_7
	0.083	0.250	0.222	0.445	0.046	0.111	0.176	0.185	0.107	0.312	0.064

经过以上计算，得到本章最终产研院资源配置效率评价模型如式

(12-5) 所示：

$$E_i = \frac{0.083C_{i1} + 0.25C_{i2} + 0.445C_{i3} + 0.222C_{i4}}{0.046T_{i1} + 0.111T_{i2} + 0.176T_{i3} + 0.185T_{i4} + 0.107T_{i5} + 0.312T_{i6} + 0.064T_{i7}}$$

(12-5)

结合产研院的原始数据，经标准化处理后利用式（12-5）便可计算出 E_i 的大小，从而可以判断出产研院资源配置效率的高低，E_i 的值越大，就表示产研院的资源配置效率越高。

第四节 实证研究

中国科学院深圳先进技术研究院经过 8 年的发展，已初步构建了以科研为主的集科研、教育、产业、资本为一体的微型协同创新生态系统，在前沿技术、产业共建技术研究、工业合作与高科技企业孵化等方面取得了显著成果[1]，是国内比较成功的产研院典型。本章选择深圳先进院进行研究具有一定的代表意义，指标数据来源于深圳先进院的官方网站及中国知网数据库，经标准化后的数值结构如表 12-10 所示。

表 12-10　　　　深圳先进院投入产出标准化后的数据

C_{i1}	C_{i2}	C_{i3}	C_{i4}	T_{i1}	T_{i2}	T_{i3}	T_{i4}	T_{i5}	T_{i6}	T_{i7}
0.974	0.651	0.748	0.957	1	0.385	0.792	0.486	0.256	0.836	0.186

利用式（12-5）的产研院资源配置效率评价模型，结合表 12-10 的原始数据，计算深圳先进院的资源配置效率：

---

[1] 郑淑俊：《技术与人才并举，打造特色创新之路——中国科学院深圳先进技术研究院建设探析》，《广东科技》2012 年第 10 期。

$$E_i = \frac{0.083C_{i1} + 0.25C_{i2} + 0.445C_{i3} + 0.222C_{i4}}{0.046T_{i1} + 0.111T_{i2} + 0.176T_{i3} + 0.185T_{i4} + 0.107T_{i5} + 0.312T_{i6} + 0.064T_{i7}} = 1.276 \tag{12-6}$$

深圳先进院的产出指标值均较高,部分指标的数值标准化后甚至接近于1,且产出投入的比值较高,资源配置效率远大于1,这说明深圳先进院的投入资源得到了超过资源本身的利用价值,这是对深圳先进院存在价值的一种肯定。以上内容已基本完成对产研院资源配置效率的评价,但本章认为产研院的资源配置效率评价不应该仅仅为了得到这样一个数字,分析数字背后的深层含义才能取得更具价值意义的指导。

从本章所构建的模型来看,要想取得较高的资源配置效率,仅需要扩大投入产出比即可,但对于一个真正具有影响力的产研院而言,除了要设法扩大投入产出比外,还必须保证具有最大的产出。在这一点,不得不对深圳先进院的高产出值再次肯定。而更为难得的是,深圳先进院在保证高产出的情况下,却依然能将多数投入指标值控制在0.5以下,这说明深圳先进院对部分资源的利用相当节约。

当然,深圳先进院也并非已经完美,深圳先进院在资源配置上也依然存在一些不足,主要表现为产研院的工作重心有偏差,对产研院的工作重心存在认识上的误区。在产研院的指标体系中,专利授权量是权重第二大的指标,但在深圳先进院的实际产出中,它却是产出值最低的指标,这说明产研院对专利申请授权的重视程度不够。同时,作为指标权重值不足0.1的科技论文数,深圳先进院的产出值却是最大的,这说明产研院的工作重心有偏离,浪费过多的人力资源在撰写科技论文上面。

关于产研院的资源投入,确是很难把握的。原则上为了提高产研院的资源配置效率,必须尽可能地减少资源投入,但实际中减少产研院的资源投入又必然会影响产研院的产出,这样的话又会违背产研院的建设原则。在资源总量有限的情况下,至少有一点是可以把握的,那就是根据指标权重大小进行产研院的资源分配。

本章小结

资源优化配置是产业技术研究院可持续发展的重要催化手段，对其效率进行评价研究有助于判断当前产业技术研究院资源配置的现状，发现不足及原因，以便及时进行改善。分析产业技术研究院的投入、产出两个维度，从投入的人力、财力和产出的科技、经济四个方面构建资源配置效率评价指标体系，建立基于投入产出法的资源配置评价模型，利用层次分析法（AHP）确立指标权重。结合中国科学院深圳先进技术研究院进行实证研究，并对评价模型的实用价值进行了说明。

对产研院资源配置效率进行评价是为了更好地分析产研院资源配置所存在的不足，分析评价背后的深层含义，寻求解决办法，从而更好地指导产研院向提升资源配置效率的方向运行。

文章以构建产研院资源配置评价模型为研究视角，在深入分析产研院资源投入、产出的基础上，借鉴国内关于科技资源优化配置的方法，完成了产研院资源配置效率评价指标体系及评价模型的构建，期间借助层次分析法完成了指标权重的确立工作。最后通过对深圳先进院的实证分析，论证了模型的实用价值，现总结如下：

（1）本模型的应用范围较广，可适用于任意单一产研院的资源配置效率评价。

（2）可得到资源配置的效率值，该值大小能从整体上反映出产研院对资源的利用程度。

（3）模型的使用需要配合指标的产出值才能得到更为客观的结果。因为本模型以投入产出比作为资源配置的效率值，而在实际应用中，产研院在资源投入、产出都很小的情况下也有可能得到较高的比值，显然仅依靠这样一个比值就肯定产研院的价值是极不科学的，毕竟产研院的贡献大小还是得以它的产出而论，产研院只有在高产出的前提下追求高效率值才有意义。

（4）根据指标权重大小确定产研院的工作重心及合理分配资源。由于产研院资源的有限性，因此有必要确定工作重心，哪些指标需要不断增加产出，哪些指标的工作可以暂缓，同时，哪些地方需要加大资源投入、哪些地方可以适当节约资源，这些都必须有所规划。从本章所构建的资源配置效率评价模型来看，按照指标权重大小对投入、产出进行合理规划，有助于增大产研院资源配置的效率值。

参考文献

一 中文文献

上海社会科学院智库研究中心：《2015年中国智库报告》，2016年。

白平则：《如何认识我国的社会组织》，《政治学研究》2011年第2期。

鲍新中、刘澄、张建斌：《合作博弈理论在产学研合作收益分配中的应用》，《科学管理研究》2008年第5期。

鲍新中、王道平：《产学研合作创新成本分摊和收益分配的博弈分析》，《研究与发展管理》2010年第5期。

曹静、范德成、唐小旭：《产学研结合技术创新绩效评价研究》，《科技进步与对策》2010年第4期。

陈亭：《福建省农业科技成果转化现状研究》，硕士学位论文，福建农林大学，2015年。

成思危：《论创新型国家的建设》，《中国软科学》2009年第12期。

丁厚德：《科技资源配置的战略地位》，《哈尔滨工业大学学报》2001年第1期。

丁云龙、孙冬柏：《产业技术研究院的创建及意义》，《中国高校科技》2012年第21期。

杜晓成、胡锐：《继续工程教育的国际化竞争战略初探》，《继续教育》

2012 年第 8 期。

范德成、唐小旭:《我国各省市产学研结合技术创新的绩效评价》,《科学学与科学技术管理》2009 年第 1 期。

谷德斌、尹航、杨贵彬:《高校科技成果转化驱动模式研究》,《科技进步与对策》2012 年第 13 期。

郭秀晶:《我国高校教育基金会的现状分析与发展路径选择》,《天津大学学报》(社会科学版) 2009 年第 3 期。

国务院:《关于调整城市规模划分标准的通知》([2014] 51 号), 2014 年。

湖北统计局:《湖北统计年鉴 (2012)》, 中国统计出版社 2013 年版。

黄薪萌、李亚丹、陈磊等:《区域产业技术研究院运行绩效评价指标体系研究》,《中国科技资源导刊》2016 年第 48 期。

蒋荣能:《浅谈基层农技推广体系建设的现状与思考》,《农业开发与装备》2016 年第 3 期。

金芙蓉、罗守贵:《产学研合作绩效评价指标体系研究》,《科学管理研究》2009 年第 6 期。

敬乂嘉:《社会服务中的公共非营利合作关系研究——一个基于地方改革实践的分析》,《公共行政评论》2011 年第 5 期。

柯人观:《微电网典型供电模式及微电源优化配置研究》, 硕士学位论文, 浙江大学, 2013 年。

科学技术部火炬高技术产业开发中心:《高新技术产业化及其环境建设"十二五"专项规划》, 2012 年。

旷宗仁、梁植睿、左停:《我国农业科技推广服务过程与机制分析》,《科技进步与对策》2011 年第 11 期。

李宝良、郭其友:《稳定配置与市场设计: 合作博弈理论的扩展与应用——2012 年度诺贝尔经济学奖得主夏普利和罗思主要经济理论贡献述评》,《外国经济与管理》2012 年第 11 期。

李大经:《中国思想库: 现状及发展研究》, 硕士学位论文, 南京农业大学，2012 年。

李冬梅、李石柱、唐五湘：《我国区域科技资源配置效率情况评价》，《北京机械工业学院学报》2003 年第 18 期。

李福：《产业技术研究院市场化的公共技术服务困境及其对策建议》，《中国科技论坛》2014 年第 11 期。

李海静、邱廷华：《山东化工产学研服务平台的研建》，《山东化工》2014 年第 8 期。

李建强、黄海洋、陈鹏：《产业技术研究院的理论与实践研究》，上海交通大学出版社 2011 年版。

李克强：《身处风口，供应链变革走向"互联网+"》，《全国商情》（经济理论研究）2015 年第 6 期。

李雷鸣、于跃、刘丙泉：《基于 AHP－熵值法的青岛市产学研合作创新绩效评价研究》，《科技管理研究》2014 年第 15 期。

李培哲、菅利荣、裴珊珊、张瑜：《企业主导型产业技术研究院组织模式及运行机制研究》，《科技进步与对策》2014 年第 12 期。

李石柱、李冬梅、唐五湘：《影响我国区域科技资源配置效率要素的定量分析》，《科学管理研究》2003 年第 21 期。

李新男：《创新"产学研结合"组织模式　构建产业技术创新联盟》，《中国软科学》2007 年第 5 期。

连燕华等：《国家科学技术投入产出评价》，《中国软科学》2001 年第 5 期。

梁嘉明、陈光华：《基于 DEA 方法的广东省产学研合作研发创新效率研究》，《科技管理研究》2014 年第 15 期。

梁耀明、张叶平、王浩：《产学研合作绩效综合评价研究》，《科技进步与对策》2014 年第 5 期。

刘玲利：《科技资源配置理论与配置效率研究》，博士学位论文，吉林大学，2007 年。

刘起运、陈璋、苏汝劼：《投入产出分析》，中国人民大学出版社 2006 年版。

刘兴斌、盛锋、李鹏：《农业科技成果转化与推广主体动态博弈及协调机制构建研究》，《科技进步与对策》2014 年第 9 期。

刘学：《信任、关系、控制与研发联盟绩效——基于中国制药产业的研究》，《南开管理评论》2008 年第 3 期。

刘延东：《在全国科技工作会议上的讲话：深化科技体制改革，促进科技与经济结合，为加快转变经济发展方式提供科技支撑》，《科技日报》2011 年 5 月 24 日。

卢春龙：《西方政治学视野中的社会资本理论》，《中共浙江省委党校学报》2010 年第 5 期。

陆建芳、戴炳鑫：《企业技术中心技术创新资源配置效率评价》，《科研管理》2012 年第 1 期。

罗必良、欧晓明：《合作机理、交易对象与制度绩效》，中国农业出版社 2009 年版。

罗正祥：《工程教育专业认证及其对高校实践教学的影响》，《实验室研究与探索》2008 年第 6 期。

马松尧：《科技中介在国家创新系统中的功能及其体系建设》，《科技发展》2004 年第 1 期。

马迎贤：《资源依赖理论的发展和贡献评析》，《甘肃社会科学》2005 年第 1 期。

迈克尔·波特：《国家竞争优势》，华夏出版社 2002 年版。

宁连举、李萌：《基于因子分析法构建大中型工业企业技术创新能力评价模型》，《科研管理》2011 年第 3 期。

乔辉、刘林青：《国家产业创新视角下产业技术研究院角色研究》，《科技进步与对策》2014 年第 22 期。

秦树文、肖桂云：《网络环境下高校产学研合作绩效评价探析》，《中国报业》2012年第12期。

任晶燕：《基于政府角度分析我国高校科技成果转化的问题及对策》，《科技管理研究》2011年第4期。

芮雪琴、李环耐、牛冲槐：《科技人才聚集与区域创新能力互动关系实证研究——基于2001—2010年省际面板数据》，《科技进步与对策》2014年第6期。

师萍、李垣：《科技资源体系内涵与制度因素》，《中国软科学》2000年第11期。

施能杰：《建构行政生产力衡量方式之刍议》，《中国行政》2001年第69期。

宋宇：《科技资源配置过程中的难点和无效率现象探讨》，《数量经济技术经济研究》1999年第11期。

孙宝凤、李建华：《基于可持续发展的科技资源配置研究》，《社会科学战线》2001年第5期。

孙萍、张经纬：《基于熵值法的辽宁省产学研合作综合绩效实证分析》，《科技管理研究》2015年第9期。

覃睿、田先钰：《科技创新资源配置的价值预算模式研究》，《科技进步与对策》2012年第3期。

谭华、刘学文：《新形势下我国农业科技成果转化政策建议》，《湖南农业科学》2009年第9期。

汤红娟：《湖北高校智库发展现状分析》，《学校党建与思想教育》2016年第20期。

唐旻翔：《我国农业科技成果转化中的问题与法律对策研究》，硕士学位论文，湖南农业大学，2014年。

唐志：《产学研合作创新的公共政策研究》，硕士学位论文，天津大学，2010年。

陶文钊：《美国思想库与冷战后美国对华政策》，中国社会科学出版社

2014年版。

王崇赫、孙凌霞：《非公募基金会投资管理模式选择：美国经验及启示》，《社团管理研究》2010年第2期。

王健：《新常态新动力：以自主创新建立完整独立的国民经济体系》，《经济研究参考》2015年第8期。

王劲颖：《美国基金会发展与管理的启示与思考——兼论社会组织建设工作》，《长沙民政职业技术学院学报》2011年第1期。

王敬华、钟春艳：《加快农业科技成果转化 促进农业发展方式转变》，《农业现代化研究》2012年第2期。

王洛忠：《高校科技成果转化中的政府作用分析》，《中国行政管理》2004年第3期。

王名：《中国的非政府公共部门》（下），《中国行政管理》2001年第6期。

王守文、徐顽强、颜鹏：《产业技术研究院绩效评价模型研究》，《科技进步与对策》2014年第17期。

王守文、颜鹏：《经济新常态下产业技术研究院资源整合研究——基于改进蚁群算法的分析》，《科技进步与对策》2015年第21期。

魏守华、吴贵生：《区域科技资源配置效率研究》，《科学学研究》2005年第4期。

温平川、蔡韵：《基于AHP模糊综合评判的产学研合作项目风险评估模型》，《统计与决策》2011年第1期。

吴金希：《论公立产业技术研究院与战略新兴产业发展》，《中国软科学》2014年第3期。

吴文华：《产学研合作中的政府行为研究》，《科技管理研究》1999年第2期。

吴永忠：《科技创新趋势与国家科技基础条件平台的建设》，《自然辩证法研究》2004年第9期。

吴愈晓、杜思佳:《改革开放四十年来的中国高等教育发展》,《社会发展研究》2018年第5期。

吴芸:《政府科技投入对科技创新的影响研究——基于40个国家1982—2010年面板数据的实证检验》,《科学学与科学技术管理》2014年第1期。

伍春林:《基于改进蚁群算法的微电网DG选址与定容》,硕士学位论文,中南大学,2010年。

肖继巧、李德江:《湖北省磷化工产业技术研究院产学研合作创新机制研究》,《山东化工》2015年第17期。

肖灵机、汪明月、万玲:《经济新常态下我国新兴产业创新发展路径研究》,《科技进步与对策》2015年第22期。

谢莉娇、徐善衍:《面向公众的公共科技服务及其价值探析》,《科技进步与对策》2010年第17期。

辛爱芳:《我国产学研合作模式与政策设计研究》,硕士学位论文,南京工业大学,2004年。

徐冠华:《全面落实科学发展观》,《杭州科技》2004年第2期。

徐建国:《我国区域科技资源配置能力分析》,《中国软科学》2002年第9期。

徐顽强等:《区域创新与科技中介服务体系建设》,人民出版社2007年版。

许爱萍:《区域科技创新人才聚集驱动要素分析——以京津冀为例》,《科技与经济》2014年第6期。

薛飞、周文魁、黄斌:《基层科技创新能力评价指标体系研究》,《科技与经济》2014年第2期。

闫雅娟、白才进:《中国高校智库发展现状及对策》,《晋图学刊》2016年第3期。

杨静、陈赟畅:《协同创新理念下高校新型智库建设研究》,《科技进步与对策》2015 年第 7 期。

杨玥：《产业技术研究院运行机制研究》，硕士学位论文，河北工业大学，2014 年。

叶静怡、杨洋、韩佳伟、李晨乐：《中美高校技术转移效率比较——基于专利的视角》，《中国科技论坛》2015 年第 1 期。

于国安：《政府购买公共服务评析及政策建议》，《经济研究参考》2011 年第 46 期。

于明政：《地方科技计划项目绩效评估指标体系研究与应用》，硕士学位论文，重庆大学，2007 年。

于树江：《产业技术研究院运行绩效评价研究》，《人力资源管理》2014 年第 5 期。

虞晓芬、傅玳：《多指标综合评价方法综述》，《统计与决策》2007 年第 11 期。

张风、何传名：《国家创新系统——第二次现代化的发动机》，高等教育出版社 1999 年版。

张坚：《企业技术联盟绩效评价体系的比较和发展趋势分析》，《科研管理》2006 年第 1 期。

张文彤：《SPSS 11 统计分析教程（高级篇）》，希望电子出版社 2002 年版。

张潇：《支持西安高新区设飞地园区》，《西安晚报》2015 年 11 月 4 日。

张玉宽：《湖北省高技术产业产学研合作绩效评价研究》，硕士学位论文，中国地质大学，2012 年。

赵华影：《产业技术研究院绩效评价体系研究》，硕士学位论文，河北工业大学，2014 年。

郑淑俊：《技术与人才并举，打造特色创新之路——中国科学院深圳先进技术研究院建设探析》，《广东科技》2012 年第 10 期。

中华人民共和国科学技术部：《关于推动产业技术创新战略联盟构建指

导意见》,http://www.most.gov.cn/tztg/200902/t20090220_67550. htm。

周寄中:《科技资源论》,陕西人民教育出版社1999年版。

周笑:《产学研合作中的政策需求与政府作用研究》,硕士学位论文,南京航空航天大学,2008年。

周勇:《新型产业研发组织建设研究》,硕士学位论文,东南大学,2017年。

朱宏亮、蒋艳:《中国高校智库发展现状与未来策略思考》,《高校教育管理》2016年第2期。

朱茜、董洁、邱光宇:《产学研合作创新模式研究——以江苏大学"1863"产学研合作创新模式为例》,《科技进步与对策》2010年第23期。

朱西桂、赵永俭、童俊群:《加强机制创新,推进大型仪器设备管理工作》,《实验室研究与探索》2003年第2期。

朱效民:《30年来的中国科普政策与科普研究》,《中国科技论坛》2008年第12期。

《中国基金会发展报告(2011)》编委会:《中国基金会发展报告(2011)》,社会科学文献出版社2011年版。

二 英文文献

Albert N. Link, Donald S. Siegel, "University-based technology initiatives: Quantitative and qualitative evidence", *Research Policy*, 2005, (34): 253–257.

Amit P. J. H., Schoemaker, "Strategic Assets and Organizational Rent", *Strategic Management Journal*, 1993 (14): 33–46.

Asheim T., Isaksen A., "Regional innovation systems the integration of local sticky and global ubiquitous knowledge", *Journal of Technology Transfer*, 2002 (27): 77 – 86.

Bonaccorsi A., Piccaluga A., "A Theoretical Framework For The Evaluation Of University-Industry Relationships", *R & D Management*, 1994 (24): 229 – 247.

Branml J., U. S. and German, "Think Tanks in Comparative Perspective", *German Policy Studies*, Vol. 3, No. 2, 2006.

Chakravarthy Balaji S., Doz Yves, "Strategy Process Research: Focusing on Corporate Self-renewal", *Strategic Management Journal*, 2012, 13 (5): 5 – 14.

Cyert, R. M., Goodman, P. S., "Creating Effective University-Industry Alliances: an Organizational Learning Perspective", *Organizational Dynamics*, 1997, 25 (4): 45 – 57.

Dorigo M., Maniezzo V., Colorni A., *Positive Feedback as a Search Strategy*, Milan: MilanPolitecnico di Milano, 1991.

Douglas A. Irwin, Peter J., Klenow, "Sematech, Purpose and Performance", *Proceedings of the National Academy of Sciences of the United States of America*, 2005, 93 (23): 12739 – 12742.

Drongelen K. V., Bilderbeek I. C., "R & D Performance Measurement: More than Choosing a set of Metrics", *R & D Management*, 1999, 29 (1): 35 – 46.

D. Stone, A. Denham, *Think Tank Traditions: Policy Analysis across Nations*, Manchester University Press, 2004.

Grant R. M., "The Resource-Based Theory of Competitive Advantage Implications for Strategy Formation", *California Management Review* (Spring), 1991.

Lee, J. W., Kim, S. H., "Using Analytic Network Process and Goal Programming for Interdependent Information System Project Selection", *Computers & Operations Research*, 2000, 27 (1): 367 – 382.

Olie, R., "Shades of culture and institutions in international mergers", *Organizational Studies*, 1994, 15, 381 – 405.

Philbin S., "Measuring the Performance of Research Collaborations", *Measuring Business Excellence*, 2008, 12 (3): 16 – 23.

Porter, M. E., *The competitive advantage of nations (with a new foreword)*, New York: The Free Press, 1998.

Rojas, Thomas D., "National Forest Economic Clusters: A new Model for Assessingnational-forest-basednaturalresources Products and Services", *United States Department of Agriculture*, 2007.

Saaty, T. L., "Decision Making the Analytic Hierarchy and Network Process (AHP/ANP)", *Journal of Systems Science and Systems Engineering*, 2004, 13 (1): 1 – 35.

Saaty, T. L., *The Analytic Network Process: Decision Making with Dependence and Feedback*, Pitts-burgh, PA: BWS Publications, 2001, 6: 84 – 136.

Santoro, M. & Chakrabarti, A., "Corporate Strategic Objectives for Establishing Relationships with University Research Centers", *IEEE Transactions on Engineering Management*, 2001, 48 (2): 157 – 163.

Timothy R. Anderson, Tugrul U. Daim, Francois F. Lavoie, "Measuring the efficiency of university technology transfer", *Technovation*, 2007, (27): 306 – 318.

Wonglimpiyarat, Jarunee, "Building Effective Research Evaluation Systems Toassist R & D Investment Decisions, *International Journal of Business Innovation and Research*, 2008, 2 (2): 123 – 140.

后　记

　　科技创新引领高质量发展，是我国当前产业转型升级的关键。产业技术研究院是重要的科技创新主体，它能够实现"政产学研用"多元主体的有效融合，提高科技与产业之间的衔接程度、转化速度。在以"知识经济"为背景的当下，围绕产业技术研究院的创新发展展开，对其环境因素、组织构成、绩效评价、资源整合与配置四个方面进行的探索，主要目的是为产业技术研究院进一步的创新发展、建设方向及区位和地域分布提供现实可靠的依据，进而为我国科技成果转化、产业升级、科技进步以及高质量经济发展奠定基础。

　　笔者曾先后到美国肯塔基州立大学及香港浸会大学访问，访学期间对当地科技创新主体进行了走访调研，对更有利于科技成果转移的产业技术研究院产生了浓厚的兴趣，通过几年的研究也有了一定的学术沉淀和积累。我国特定的发展阶段导致了我国科技资源和要素呈现碎片化特征，在当前高质量发展要求的大背景下，要实现科技对经济和社会发展的有效推动，也需要通过产业技术研究院实现对各个科技主体所拥有要素的有效整合。产业技术研究院理想效用的实现就需要各个主体的相互配合、合作，其发展建设离不开政府的宏观调控，企业的资金支持和精准的市场把控，高校及科研机构的尖端技术和科技人才，目标用户的积极配合等。

本书的顺利完成，建立在参考了大量的国内外文献资料和个人前期研究积累的基础上。在产业技术研究院创新发展的环境因素、组织构成、绩效评价、资源整合与配置四个部分中运用了大量的定量分析方法。湖北省知识产权培训（宜昌）基地为书稿的完成也提供了诸多帮助，在此一并感谢。对产业技术研究院的创新发展问题进行描述分析是一种探索性尝试，限于水平，书中难免有疏漏之处，欢迎广大读者、学界同仁和从事产业技术研究院建设的相关工作人员不吝赐教。

在本书将要付梓之前我要：

感谢博士后合作导师张建华教授对本书提出的建议；

感谢我的研究生宋林洁、颜鹏、黄刚、李帅兵等参与书稿最后的整理工作；

感谢中国社会科学出版社对本书的出版给予的大力支持。

王守文

2019年1月20日于三峡大学求索溪